# ADHDのコーチング
## 実行機能へのアプローチ

監修 熊谷恵子

著 安藤瑞穂

図書文化

## 監修者のことば

　近年，注意欠如・多動症（ADHD）が，一般にも注目されるようになってきました。その支援・指導について，さまざまな工夫が試みられていますが，「なかなか決定打となる支援法が見つからない」という方は多いのではないでしょうか。

　発達障害のある人たちに対して広く使われている手法は，ソーシャルスキルトレーニング（Social Skills Training，以下SST）です。SSTは，「～の場合に〇〇する」といった行動のレパートリーがない人に対しては非常に有効です。そのため，特に自閉スペクトラム障害（ASD）のある人が行うトレーニングとしては意義が深いものです。一方，ADHDのある人にSSTを実施しようとすると，「そんなことくらいわかっている」となり，自分が馬鹿にされたような感覚をもってしまうことが多いものです。しかし，ADHDのある人が，SSTによって習得をめざす生活スキルが実生活で実行できるのかといえば，できていない場合が多いのです。このような，「やることはわかっているけど，できない」タイプの人に対しては，SSTより，自分の側で必要最低限度の声かけをしてくれ，見守ってくれる人が必要なのです。このようなアプローチを「コーチング」といいます。スポーツの技術などについて指導・助言する体育系のコーチはよく耳にすると思いますが，基本的なアプローチはそれと同じです。

　しかし，いざADHDのある人を前にしたときにどのようにかかわればよいか，とまどわれている方は多いと思います。そこで本書では，手がかりを求めている援助者に対して，コーチングという手法を用いて具体的にどうやって支援していくのか，詳しく述べていきます。

　コーチングは，まだ日本ではあまり一般的ではないことと，国際的にみても，「何に効いて，何に効かないか」などの研究的な検証が行われてこなかった面がありました。

　著者の安藤瑞穂は，アメリカ合衆国におけるコーチングの基本的なトレーニングを2回受けてきました。そのうえで，日本人に取り入れやすい方法を独自に開発し，その効果を通算2年間，約5年間にわたり研究的に検証してきました。それらの成果が本書となります。ADHD当事者とその支援にかかわる皆様のお役に立てば幸いです。

2019年10月

熊谷恵子

# はじめに

> 「みんなやっていること，簡単なことなのにできないのです」

　ADHDのある人にかかわる先生や家族からよくお聞きする言葉です。そして，多くの当事者もそのように感じています。
　むずかしい数学の問題はできるのに時間を計算して動けないなど，できることとできないことのギャップにとまどっています。

> 「本人はもちろん，実は先生・家族も自信を喪失しています」

　失敗ばかり繰り返していて自信をなくしているのはADHD者本人だけではありません。先生や家族も，何とかうまくいくように手を尽くしているのです。しかしながら，「がんばってもうまくいかない」「がんばり方がわからない」という声をよく耳にします。

> 「ADHDのことはわかっています。
> でも，その先をどうしたらよいかがわからないのです」

　家族や先生方はADHDのことを理解しようと努めています。しかし，「理解はしても，その先うまくいっている気がしない」と感じている方が多いのもまた事実です。無理もありません。これまでに世に出たADHD者支援の本は児童の研究がもとになっているものばかりで，青年期以降の指南書がないからなのです。
　本書では，大人への過渡期にあたる青年期以降のADHD者支援のためのコーチングを紹介します。「青年期以降のADHD者支援のためのコーチングの本」の刊行

は，翻訳本を除いては，おそらく日本で初めてになるのではないでしょうか。

　コーチングは，北米で当事者がADHDの困難さにうまくつきあっていくために発展させてきたものです。当事者団体をはじめ，近年では専門家からも推薦されています。

　筆者は，それを日本人用にまとめ直し，検証してきました。本書はそのエッセンスをわかりやすく解説し，現場ですぐに使えるよう資料を多く掲載しています。

> 「生まれて初めて人から頼られました」
> 「自分にもできることがあるのだ，と嬉しくなりました」

　これは，対象者（クライアント）から，コーチング後の感想を伺う中でお聞きした言葉です。

　初めにお断りしておきますが，コーチングを受けたからといって，ADHDが「治る」わけではありません。ただ，やり方によってはADHDによる困難を軽くし，より満足度の高い生活を送ることが可能になります。コーチングは，それに貢献する方法だと確信しています。

　本書によって，ADHDのある人にかかわる多くの人たちが支援の手ごたえを得ることができ，ひいてはADHDのある人ご本人の幸せにつながるよう願っています。

2019年10月

安藤瑞穂

# Contents

監修者のことば ……………………………………………………………… 3
はじめに ……………………………………………………………………… 4

## 序章　なぜ，ADHDにコーチングなのか …………………………… 9

## 第1章　ADHDのある人へのコーチングとは ……………………… 15

  ❶ コーチングとは …………………………………………………… 16
  ❷ ADHDのある人を対象とした実行機能コーチングの外観 …… 16
  ❸ ADHDのある人を対象としたコーチングの特徴 ……………… 18
    （1） コーチと対象者との関係性 ………………………………… 18
    （2） コーチングのねらいと内容 ………………………………… 19
    （3） ADHD症状の理解 …………………………………………… 19
    （4） 頻繁に連絡を取り合う ── IT機器の活用 ……………… 20
  ❹ 他のアプローチとの相違と共通点 ……………………………… 21
    （1） 薬物療法 ……………………………………………………… 21
    （2） 心理社会的アプローチ ……………………………………… 21

## 第2章　コーチングを始める前の準備 ……………………………… 27

  ❶ コーチングの実施スタイル ……………………………………… 28
    （1） だれがだれに対して行うのか ……………………………… 28
    （2） いつ行うか（時期・タイミング・頻度・期間） ………… 30
    （3） どこで行うか（場所・場面） ……………………………… 31
    （4） 何を行うのか（コーチングの基本的な考え方） ………… 32
    （5） どのように行うか（座り方・体勢） ……………………… 32

## ❷ ADHDを理解する ......... 35
 (1) ADHDとは ......... 35
 (2) ADHDによる日常生活への影響 ......... 36
 (3) ADHDの思考の特徴 ......... 38
 (4) ADHDと類似する特徴との区別 ......... 38
 (5) 発達段階におけるADHDの特徴とコーチングの配慮点 ......... 39

## ❸ ADHDのある人の実際 ——座談会形式で特徴を知る ......... 40
 (1) 課題の完遂について ......... 42
 (2) 遅刻について ......... 44
 (3) 忘れ物について ......... 45
 (4) ケアレスミスについて ......... 46

## ❹ ADHD特性への対策・ヒント ......... 48
 (1) ADHDのある人に役立つヒントとツール ......... 48
 (2) 苦手は克服するよりツールで補う ......... 50

## ❺ コーチの援助内容（コーチが行うこと） ......... 52
 (1) 対話の基本姿勢 ......... 52
 (2) 対話でコーチが行うこと ......... 52
 (3) コーチがADHDの症状に対して特に気をつけること ......... 57
 (4) ADHDのタイプ別，コーチングの所要時間の傾向と配慮点 ......... 58

# 第3章　コーチングの進め方 ......... 59

## ❶ コーチングの行程 ......... 60
 (1) コーチングのおおまかな行程 ......... 60
 (2) コーチングの一連の流れ ......... 60
 (3) コーチングの対面モデル ......... 61

## ❷ コーチングの導入 ......... 62
 (1) パターン1：コーチングのことを知っている人からの紹介 ......... 62
 (2) パターン2：コーチングのことを知らない人からの紹介 ......... 62

## ❸ コーチングのシートと各 Step の手順 ……63
### Step1　準備 ……63
(1) コーチングの流れを説明する ……63
(2) コーチングでできることを提示する ……64
(3) 心理教育を提供する ……65
(4) 希望や大切にしていることを確かめる ……66
(5) 自分の生活への ADHD の影響を確認する ……67
(6) 資源を活用する ……68

### Step2　面接・報告 ……69
(1) コーチングの目標を立てる ……71
(2) いまの状態を検討する ……73
(3) 具体的な行動計画を立てる ……74
(4) 進捗報告のタイミングを決める ……76
(5) コーチとの「約束シート」を完成させる ……77
(6) 進捗状況を確認する ……80

### Step3　振り返り ……81
(1) 振り返りのタイミング ……81
(2) フィードバックの方法 ……81

## ❹ コーチングの評価と今後 ……83
評価および終了・継続の目安 ……83

# 第4章　コーチング適用事例 ……85

Case1　目標：「決めたことをやる」（14歳・男性） ……87
Case2　目標：「予定が管理できるようになる」（17歳・男性） ……91
Case3　目標：「持ち物と時間の管理ができる」（20歳・男性） ……96
Case4　目標：「予定に合わせて行動する」（32歳・女性） ……100

ADHD のコーチング Q&A ……106
資料編 ……108
あとがき ……120

## 序章

# なぜ、ADHDにコーチングなのか
――私の体験をとおして――

序章では，私がコーチングと出会い，研究・実践を始めるにいたった経緯をお話しします。
　なぜコーチングだったのか，試験的に試みたコーチングがどうだったか，実際どのような手ごたえを得たかなどを紹介します。また，私の体験をお話しする流れの中で，コーチングの歴史的な概要にもふれます。

### ◆ 発達相談の初期 ── ADHDへのアプローチは小学生のみの時代

　私は，20年ほど前から，発達障害のある子どもと家族の心理臨床に携わってきました。子どもに対しては成長を支える積極的なかかわりを，そして保護者には子どもの発達を促すかかわり方の助言などを行ってきました。
　そのような中，発達相談でお会いしていたお子さんが成長していく過程を相談員として見届けながら，「大人になっていくこの子たちに，はたしてどのようなかかわり方が必要なのか」を考えるようになりました。小学生との会話と中学生との会話が異なるように，発達障害児へのかかわり方も，成長とともに変化していかなければならないと感じたのです。
　例えば，ADHDのある子へは，子どものよい行動をほめたり，シールをあげたりして，望ましい行動を増やすというかかわりの工夫をすることが有効です。これはADHDのある大人に対しても，基本的な考え方は同じです。
　しかし，相手が子どもの場合，行動に影響を与える大人の存在が，この方法の最も重要なキーとなります。したがって，必然的に相談援助の対象は，先生や保護者など大人に大きな比重が置かれます。
　また，小学生では同じクラス，同じ担任，決まった時間割という環境であっても，中学生になると，教科によってはクラス編成や教員が変わり，教室を移動する，放課後遊びから部活に活動が移るというように，環境面も変化します。さらに，ADHDの症状も表面的にはわからない程度になるなど，本人自身の変化もあります。
　親の影響が大きい時期にある子と，親から自立していこうとする時期の子では，かかわり方は違ってきて当然です。しかし，当時は「ADHDといえば小学生」という時代で，アプローチも小学生のものに限られていました。

### ◆ 北米の大学院で学んだEBP（科学的根拠に基づく実践）の重要性

そのような折，私は北米の大学院でソーシャルワーク（Social Work）を学ぶ機会を得ました。ソーシャルワークと心理臨床とのかかわりは深いのですが，大雑把にいって，対象が同じ発達障害であっても，ソーシャルワークは環境への働きかけに，心理臨床は個人への働きかけに比重を置きます。

したがって，ソーシャルワークを学ぶ際にも，集団療法やフィールドワークなどソーシャルワークの要素が大きいものから，認知行動療法や家族療法など，より心理療法色の濃いものまで，幅広く理解と知識を深めることができました。

当時，過去の対人援助における心理社会的なアプローチは，セラピストやソーシャルワーカーの個人の技量に頼り，そのアプローチが検証されていないことへの弊害が，アメリカのソーシャルワーク界で指摘されていました。これは，EBP（Evidence Based Practice，科学的根拠に基づく実践）と呼ばれ，EBM（Evidence Based Medicine，科学的根拠に基づく医療）を背景に発展したものです。「治療薬が客観的にも有効であると示したうえで患者に届ける必要があるのと同様に，心理社会的な介入も検証したうえで実践するべき」いうことです。私は，EBPの重要性を複数の講義で学びました。

### ◆ 多くの人に提供できる支援方法の開発を！

心理社会的なアプローチの中でも認知行動療法（Cognitive Behavior Therapy）は，ADHDへの有効性が確認されています。つまり，認知行動療法はEBPに位置づけられているということです。

しかしながら，認知行動療法は私が求めているものとは少し違いました。なぜなら，認知行動療法は心理学のバックグランドと，理論を理解したうえで実施できるようになるまでの，長期にわたるトレーニングが求められる専門性の高いものだからです。「いま小学生の子が成長していく過程で，そのうちの何パーセントかはADHDの症状が緩やかになるだろう。しかし，相当数の大人のADHD者は支援を求めるに違いない」——そんな時代がすぐにやってくる，と思っていた私は，心理だけでなく教育や福祉にバックグランドをもつ人でもできるようなアプローチが必要だと思いました。つまり，より多くの人に提供できる支援方法の開発が急がれると感じたわけです。

## ◆ コーチングの可能性 ——科学的根拠に基づく実践

　当時，私のような考えをもっていた人は少なくなかったと思いますが，日本で大人のADHDへの支援方法を開発しているという声を耳にすることはありませんでした。
　そのころ私が得たのは，コーチングに関する有益な情報でした。
　北米の自助グループのリソースに「コーチング」が役に立つかもしれないので利用してみてはどうかという話を聞きました。また，電話を使った「コーチのような存在」といったコーチングの"はしり"もみられました。
　数年後には，コーチングの効果を検証した結果，ADHD症状が軽くなったなどの報告がみられるようになりました。この報告は，成人のADHDに対するコーチングのEBPとして，その後の研究でもよく引用されます。これは，科学的根拠に基づく実践となる可能性があることを示しています。

## ◆ 「コーチングとは何か」——実践から浮き彫りに

　「何をもってコーチングといえるのか」——私は，コーチングに関するさまざまな資料や文献にあたりましたが，この答えにたどり着くものはなく，釈然としませんでした。そこで，初心に戻り，コーチングと聞いて最初に念頭に浮かんだスポーツのコーチの歴史をたどっていくと，コーチングの理念や考え方の輪郭が徐々に明確になってくるのを感じました。
　次に，これをADHDのある人にどのように応用していくかというとき，すでにADHDのある人へのコーチングを実行している人から学ぶことが有益だと思い，当時からコーチ育成を行っていたプログラムを2カ所（JST Coaching&TrainingとADD Coach Academy）で受講することにしました。
　複数個所で学ぶことにした理由は，資料をあたっているときに感じていた，「コーチングといっても一様でない」という感覚があります。その多様性の中から，コーチングの核となる考え方，つまり，どんな人が行っているコーチングにも共通点があるだろうという部分を，実践から浮き彫りにしたいと思いました。
　実際に資料にあたり，講座を受講するなどして，「コーチングとは何か」について多角的にみてみると，コーチに求められることがみえてきました。それと同時に，「コーチングは，すべてのADHDのある人に万能というわけではないものの，多く

のADHDのある人に役立つ方法である」との手ごたえを感じました。

### ◆ 「あなたはどうしたいのか」という問いかけがキー

　私が受講したプログラムは北米で発展したものなので，日本人にはそぐわないことが多々ありました。また，当初から感じていたコーチングのわかりにくさを少しでも解消したいとも考えました。こうして，「日本人に即したわかりやすいコーチング」にまとめ直すという行程を経て，それをADHDのある人に試験的に行ってみました。いくつかの実践の中でも印象的だったのが，ある専門職の方（Aさん）へのコーチングでのエピソードです。

　Aさんは設計の専門家です。ご自身の専門領域では大変優秀な能力を発揮する方で，仕事の依頼が次々とくる状況ですが，専門外の周辺作業や会社の人間関係については，Aさん曰く「最悪」でした。なぜなら，次々舞い込む仕事を断ることができず，結果的に期日内に仕上げられないという状況になったからです。

　こうした自分の置かれた状況への不満が，コーチングの場では，Aさんの口から文句のような形で噴出しました。

　そこで，私はこう問いかけました。

　「それで，Aさんはどうしたいですか？」

　それまで10分以上文句を言い続けていたAさんは，少し考えてこう答えました。

　「そうですねえ，私としては時間で仕事を切り上げるとか，仕事量を上司に調整してもらうとか，それが無理なら給料に反映してもらいたいです」

　もし，私が従来の発達相談のように，Aさんの話を傾聴し，共感し，アドバイスしていたとしたら，Aさんの特性から考えて，「それじゃあ相手の思うつぼだ」とか「それはダメだと思う（実際に過去にやったことがあってもなくても）」という答えが返ってきたでしょう。しかし，コーチングの技法を用いて，「あなたはどうしたいのか」と問いかけたことで，Aさんは自ら建設的な行動を示したのです

　もちろん，コーチングで傾聴，共感，助言を行っていないわけではありません。ただ，行動的なADHDのある人にとって，「自分がどうしたいのか」ということはとても重要で，コーチングを行う際の肝となります。そして，このようなかかわり方は，ADHDのある人へのコーチングにおけるコーチならではものではないかと思うのです。

### ◆ なるべくたくさんのADHDのある人に支援を届けるために

　コーチングを行ってみると，これまでの自分の職業アイデンティティからの切りかえがむずかしいと感じることがあります。私は従来，行動療法の考え方をもとにADHD対応を考え，それを子どもや保護者に助言という形で提供してきました。ですから，ADHDのある人を前に，「あなたはこういう状況で，こういうことが起こりやすいから，こうしたほうがいい」と助言したくなることが，いまでも割と頻繁にあります。しかし，実際にこの対応をすると，うまく進まないことが多くなります。

　ADHDのある人の年齢が進み，自立度が高くなるほど，助言ではうまくいかない傾向があるように感じます。ADHDのある人は，答えをくれる人よりも，安心して一緒にADHDのことを考えてくれる人を必要としており，そんな人材が大勢必要なのです。北米では教師やソーシャルワーカー，当事者の家族のほか，それまで対人援助に縁がなかった人など，実にさまざまな人がコーチとして活躍しています。コーチとしてのかかわり方を理解し，実践可能になるまでには練習が必要ですが，このことは，日本でも多くの人がコーチングを活用できる可能性を示していると思います。

　子育て等の事情により現場から離れている教師やソーシャルワーカーなども多くいるでしょう。この潜在的な層がコーチングを学ぶことは有益であると考えています。コーチとしてのかかわり方を理解し，実践できるようになるまでには練習が必要ですが，心理療法に比してコーチングはシンプルで，習得までの時間は短く，テレビ電話などを使えば，自宅からも支援が可能だからです。コーチングは，なるべく多くのADHDのある人に支援を届けるという意味でも適した技法だと思います。

　本書を出版するにあたり，自分のまとめたコーチングの考え方と方法が独りよがりなものになっていないかを判断するために，客観的な見直しを重ねました。その一つが，筑波大学の熊谷教授のもと，実践を論文にまとめ，多くの人の目で検討してもらうことでした。

　本書により，多くの現場にコーチングが届けられ，読者のみなさんによってコーチングの実践が積み重なっていくことを願っています。また，日本のADHDコーチングが育っていく過程において，「これがADHDのある人に真に役立っているか」を常に心に留め置きながら検証をすすめていくことが，私の役割だと思っています。

# 第1章 ADHDのある人へのコーチングとは

## ❶ コーチングとは

　一般に，コーチングは，スポーツを中心に，幼児から成人まで幅広い年齢層で実施されています。

　コーチングとは，「指導することによって対象者（クライエント）のもっているスキルを高めたり，さらに作り上げたりする」ものです。

　コーチングは，スポーツの世界では，おもに競技成績の向上を目的として行われますが，それ以外にも，さまざまな学習や成長の促進に直にかかわるものなのです。

　コーチング機関として最大規模の国際機関である国際コーチ連盟（International Coach Federation：ICF）は，コーチングの定義を以下のように示しています。

> 「クライエントの生活や仕事において，その可能性を最大限に発揮させることをめざし，創造的で刺激的なプロセスを通じ，クライエントに意味のある行動を起こさせる，クライエントとの提携関係」

## ❷ ADHDのある人を対象とした実行機能コーチングの外観

　ADHDのある人を対象とした心理社会的アプローチの一つに，「実行機能コーチング」があります。スポーツやビジネスの世界のコーチングと区別して，ADHDのある人へのコーチングを「実行機能コーチング」（次ページ図参照）と称しますが，本書では単に「コーチング」と呼ぶことにします。

　ADHDを対象としたコーチングの始まりは，1990年代後半のこと。当初，レイティ（Ratey,N.）というADHD者本人が，自身の体験から，ADHD特有の症状を加味したコーチングが生活の改善に役立つことを見いだしたのが始まりです。

　その後，北米のいくつかの大学がコーチングの実践や研究を行うという流れが起きます。しかし，ADHD研究が盛んな北米にあっても，児童期以降のADHDへの支援の開発はまだ初期段階にあります。そのため，ADHDのような発達障害の適切な行動の遂行を目的としたコーチングの実践や研究報告は，現在のところ，日本だけでなく北米にもけっして多くあるわけではありません。

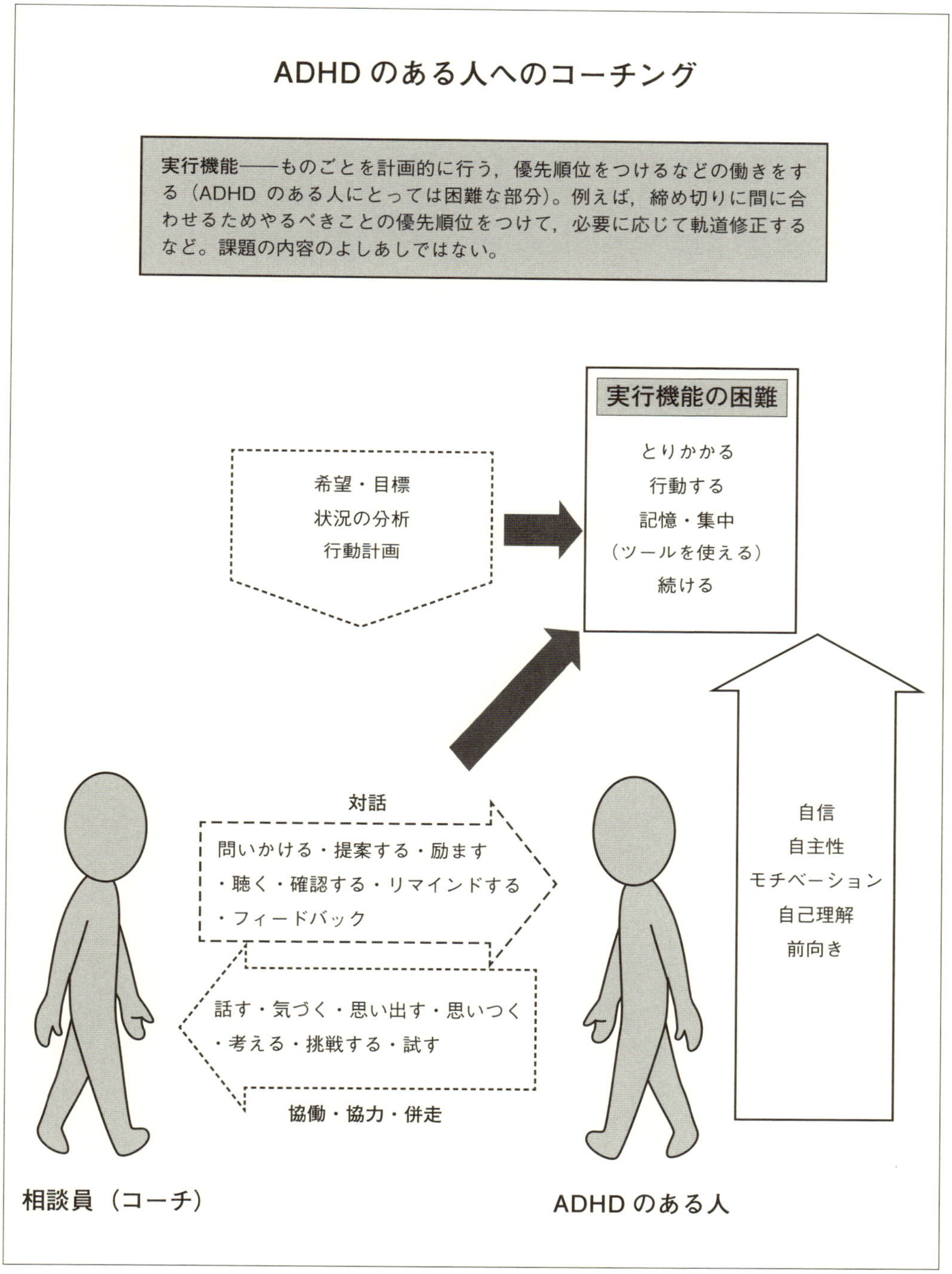

## ADHDのある人へのコーチング

**実行機能**——ものごとを計画的に行う，優先順位をつけるなどの働きをする（ADHDのある人にとっては困難な部分）。例えば，締め切りに間に合わせるためやるべきことの優先順位をつけて，必要に応じて軌道修正するなど。課題の内容のよしあしではない。

希望・目標
状況の分析
行動計画

**実行機能の困難**
とりかかる
行動する
記憶・集中
（ツールを使える）
続ける

対話
問いかける・提案する・励ます
・聴く・確認する・リマインドする
・フィードバック

話す・気づく・思い出す・思いつく
・考える・挑戦する・試す

協働・協力・併走

自信
自主性
モチベーション
自己理解
前向き

相談員（コーチ）　　　　　　ADHDのある人

**図1** ADHDのある人へのコーチング

## ❸ ADHDのある人を対象としたコーチングの特徴

### (1) コーチと対象者との関係性

　ADHDのある人を対象にしたコーチングでは，コーチは対象者に伴走しながら，彼らが目標の達成に向けて行動するのを援助します。スポーツのコーチングでは，選手がより高いパフォーマンスを出すために，コーチは個々の資質を把握し，助言し，励ましながら精神的・実質的に選手を支えますが，基本的な考え方はこれと同じです。

　コーチとADHDのある人との関係性は，教師と生徒との関係とはやや異なります。教師は，教科学習など知識や理解を授けることが中心となります。そこには，教える側と教えられる側の立場の違いがあります。これは上下の関係といえます。一方で，コーチとADHDのある人は，斜めの関係にあるといえます。コーチがADHDのある人を斜め前から応援し，斜め後ろから支えているというイメージです。

　コーチは，カウンセラーや心理療法家と区別しにくいといわれますが，いくつかの点で異なります。まず，コーチングは，スキルや方略を向上させる訓練や指導は行いません。また，過去の体験の分析や，その体験に基づくネガティブな行動パターン，潜在的な動機や理由，感情的な問題に焦点をあてるような心理療法や，これらに対処するための介入は行いません。

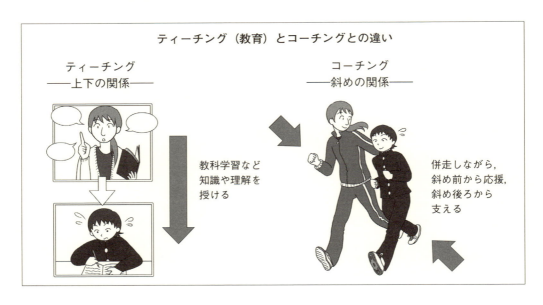

ティーチング（教育）とコーチングとの違い

## (2) コーチングのねらいと内容

では，ADHDのある人に対するコーチングとは，何をどのように行うのでしょうか。詳細は第3，4章を通して説明しますので，ここでは概要をとらえてください。

### ① コーチングでは何をどのように行うか

コーチは対象者を指導しません。対話の中で，対象者に問いかけながら，本人が「何をどうしたいのか」，目標をつくることを助け，実際にどのように行動していったらいいかを一緒に考え，実際に行った行動を再度分析的に考えます。脇道にそれないように，やることに飽きてしまわないように，軌道修正を図り，また，忘れてしまう以前に，そうならないように声かけをし，彼らの行動を励まします。

### ② 進捗状況の報告を必ず行い，連絡は頻繁に

対話の中で，進捗状況の報告を必ず行ってもらうことは，コーチングの特徴の一つです。ADHDのある人が報告をうっかり忘れてしまわないように，リマインダーを提供するなどして，頻繁に連絡を取り合います。これはコーチとADHDのある人が併走状態を保つうえで重要な要素です。

連絡は，そのつど時間をかけるより，1回の時間は短くても，回数を多くやり取りするほうが効果的です。例えば，「いい手帳見つかった？」「いいですね，その調子！」などと，手短で構いませんので，密にコンタクトを取るようにします。

### ③ 行動が習慣化されるのを促す

実際のところ，相談の場で「これをやってみましょう」と決めても，ADHDのある人がそれを忠実にやってくることは少ないものです。報告義務や「約束シート」（79ページ参照）を使用して，外的強制力を比較的強めにもち，行動が習慣化されるのを促すことも，コーチングの特徴の一つです。

## (3) ADHD症状の理解

ADHDのコーチの役割を引き受けるうえで重要なのは，ADHDの症状が彼らの生活にどのような影響を与えるかを十分に理解しておくことです。そのうえで，ADHDのある人の生活の質が向上するように，コーチがどのような対応を取ることができるかを押さえておきます。これは，バレーボール部のコーチにバレーボールに関する特有の知識が求められるのと似ています。コーチには，選手と同様にプレーする能力は必ずしも求められていませんが，選手がより高いパフォーマンスを出せるよう，ある

程度，近い将来を見通し，選手がそこにいたるまでの適切な対応を取れることが求められます。同様に，「ADHDがあることでどのような困難を抱えるか」について知っておかなければ，ADHDのコーチを引き受けることはできません。

### (4) 頻繁に連絡を取り合う ── IT機器の活用 ──

　ADHDのある人へのコーチングでは，コーチと対象者が頻繁に連絡を取り合う必要があります。対面や電話等での頻繁な連絡の取り合いがむずかしい場合には，メールをはじめ，チャットやテレビ電話等のIT機器を活用するといいでしょう。

　ここでの配慮点として，まず一つには，家庭の状況によってはIT機器が使用できない場合もあるため，事前に確認することです。二つ目に，情報管理の問題があります。例えば，テレビ電話を使うとコーチと相手の部屋が映ります。対象者とコーチの双方を守るため，プライバシー保護には十分配慮してください。

　また，ADHDのある人は学習障害(LD)を有する場合もあり，メールのメッセージ文の作成や入力作業が困難なこともありえます。逆にコーチのほうが，ITの扱いが苦手な場合もあるでしょう。コーチ自身が多忙で，「対象者に連絡を取れなくなることがあるかも」と心配される方がいるかもしれません。

　いずれにしても，対象者とコーチ，双方の状況をとらえたうえで，お互いに負担の少ない連絡手段を選び，報告の頻度やタイミングの取り決めをしておくことが大切になります（76ページ参照）。

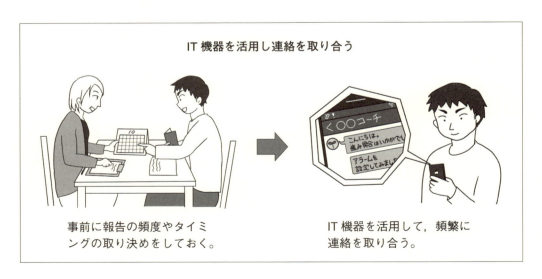

## ❹ 他のアプローチとの相違と共通点

　コーチングは，ADHDへのアプローチ（心理社会的介入）の一つです。
　では，「コーチングとその他のアプローチはどう違うの？」という疑問にお答えし，各アプローチの概観を説明するなかで，コーチングとの相違と共通点をみていきましょう。
　また，前述のように，ADHDへのアプローチの研究は児童期を中心に発展してきたものであり，青年期以降へのアプローチの研究は遅れをとっていました。そこでここでは，いままであまりスポットが当てられてこなかった青年期以降へと対象年齢の幅を広げて説明します。

### （1）薬物療法

　ADHDへの薬物療法は，重要な選択肢の一つです。指示が入りやすくなるなど，服薬により症状が緩和されることが報告されています。
　一方で，薬物療法には負の側面もあります。青年期は生涯発達の中で最も身体的な成長が著しい時期ですが，食欲減退をはじめとする副作用が懸念されます。また，文化的に子どもに向精神薬を服用させることへの抵抗感をもつ人も少なくありません。
　何より重要なのは，薬物療法そのものが生活スキルを授けてくれるわけではないという点です。服薬するにしても，服薬によって指示が入りやすくなっている間に，できることを増やすような対応やかかわりを得ることが大切なのです。
　それには，薬物療法に加えて，環境調整，教育的・心理的・社会的な支持的アプローチが同時に行われるのが望ましいのです。このような観点から，薬物療法の適用だけではなく，並行して，以下に説明する心理社会的な支援的アプローチを実施することが有益であると考えます。

### （2）心理社会的アプローチ

　次の図は，ADHDのある人の生活（QOL）を向上させるために，どのようなアプローチ（心理社会的介入）があるかを簡略化したものです。コーチングには，これらのアプローチに一部重なる側面があります。図に示した，それぞれのアプローチについて概観します。

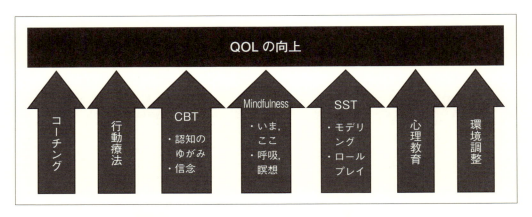

**図2** ADHDへのアプローチ「心理社会的介入」

### ① 行動理論に基づく介入

　行動理論（学習理論）に基づく行動療法は，ADHDの子どもに対する有益な心理社会的アプローチと位置づけられています。

　行動理論について，ここでは紙幅の関係もあり詳述しませんが，行動理論を背景とする応用行動分析では，社会的に好ましい行動レパートリーを増やしていくことを目標に，学校現場においては，指導（介入）の入り口として，まず機能的アセスメントを行います。機能的アセスメントとは，何がきっかけで（Antecedents），行動（Behavior）が起こり，それにどのような強化子を提示しているのか（Consequences）を分析することです。その分析をもとに，正の強化や負の弱化などの技法を用いて，好ましい行動を増やし，不適切な行動を減らしていきます。

　例えば，ADHDの子どもには，「やることメモ」（きっかけ）を机上に置いておくことで，休み時間に授業の準備をすることができて（行動），先生にほめられた（正の強化）という行動の流れができるようにしていきます。

　本書のコーチングも，行動面に着目しています。さらに本人の希望や目標を重視します。例えば，希望や目標を明らかにすること（目標設定）や，目標に到達するためにどうやっていったらよいかプランを練ること（行動計画の策定）を通じて，適切な行動が起こる回数を増やすことを好ましいものととらえています。その意味では，本書のコーチングは行動理論を背景としているといってもよいでしょう。

### ② 認知理論に基づく介入（CBT）

　認知理論に基づく認知療法は，欧米を中心として日本でも有効性が報告されていま

す。また，その発展形である認知行動療法（Cognitive Behavior Therapy：CBT）は，日本では唯一，保険診療で実施できる心理療法です。

対象者の非適応的な認知パターンを修正することを第一義とし，うつ病の治療に特に有益ですが，成人を中心としてADHDのある人へも適用されます。ADHDへの介入では，「簡単でやりやすいことを終わらせ，優先順位が高くむずかしい課題を回避する」といった，ADHD特有の非不適応的な思考パターンにアプローチします。

③ **マインドフルネス療法**

近年注目されるアプローチに，マインドフルネス（Mindfulness）療法があります。この療法では，自分の状態を判断せず，「いま，ここ」にある自分をありのままに受け入れることをめざします。マインドフルネス訓練では，自身の呼吸に注目したり，体の状態や感覚を意識したりします。実際，マインドフル訓練によって，不注意や多動・衝動性の症状が減少したという報告もあります。

本書のコーチングは，認知療法やマインドフルネス療法といった，身体感覚に関することや考え方を深く掘り下げていくことはしません。また，生育環境など過去の葛藤について治療的にかかわることもありません。

④ **社会学習理論に基づく介入（SST）**

ソーシャルスキルトレーニング（SST）は，モデリングやロールプレイを特徴的な構成要素とするアプローチです。ある設定された場面のなかで，他者の行動を見て（モデリング），実際に自分もやってみる（ロールプレイ），そして，やってみたことがよかったのかそうでもなかったのか評価してもらう（フィードバック）というのが具体的な流れです。ソーシャルスキルトレーニングを適用することによって，適切な対人関係スキルを獲得していくことが期待されます。

ソーシャルスキルトレーニングは近年，発達障害に対する支援の中でも大切な方法論として位置づけられています。特に，場面によって行動を微調整することがむずかしく，行動レパートリーを増やす必要のあるASDのある人にとっては，このようなソーシャルスキルトレーニングのモデリングやロールプレイはより役立つアプローチであると考えられます。

一方，コーチングでは，ソーシャルスキルトレーニングのモデリングやロールプレイを基本的な構成要素とはしていません。ADHDのある人は，とるべき行動もわかっているし，その理屈もわかっていることが多いものです。行動レパートリーがない

わけではありません。それでも実際に行動できないのが ADHD の特徴です。衝動的に動いてしまう，その場でやることを忘れてしまうなど，適切な行動が実際にはとれないのです。

次の表は，前述の「認知行動療法（CBT）」および「ソーシャルスキルトレーニング（SST）」と「コーチング」について，アプローチの相違点を比べたものです。

**表1** 発達障害を対象とした心理社会的アプローチの相違点

|  | SST | CBT | コーチング |
|---|---|---|---|
| ターゲット | 対人・コミュニケーション | 認知・行動・感情・（信念） | 生活・行動 |
| バックグラウンド | 社会学習理論 | 行動理論・認知理論 | 解決・目標志向（行動理論） |
| 対象者との関係 | リーダー・メンバー | 治療者と患者・協働関係 | 協働関係・本人主導 |
| アセスメント | ○ | ○ | ○ |
| 目標設定 | ○ | ○ | ○ |
| スキル獲得 | ○ | △ | △ |
| モデリング | ○ | △ | ― |
| ロールプレイ | ○ | △ | ― |
| フィードバック | ○ | ○ | ○ |
| 質問 | ― | ○（ソクラテス式問答法） | ○（いつ, 何を, どのように） |
| 認知再構成 | △ | ○ | ― |
| 目標達成の報告義務 | ― | ― | ○ |
| ホームワーク | △ | ○ | ― |
| 面接形式 | 対面・グループ | 対面・個別・（集団） | 遠隔支援＋対面 |

SST：ソーシャルスキルトレーニング，CBT：認知行動療法
表中の記号，○は「実施する」，△は「実施することもある」，―は「実施せず」を示す。
安藤・熊谷（2015）の一部を修正。

### ⑤　心理教育

　心理教育とは，障害に由来する諸症状に関する教育を提供することです。心理教育は，あらゆる精神疾患への介入として重要なものと考えられており，コーチングの過程でも実施します。ADHDのある人に対して，ADHDの原因としてどのようなことが考えられるか，ADHD一般としてどのような症状があるか，ADHDがあることによって生活にどのような影響が及ぶかを説明します。また，エネルギッシュに動けること，好きなことへは人一倍集中できること，アイデアが豊富なことなど，ADHDに関連する「強み」を確認することも大切です。心理教育は，その後に行う支援へのやる気（動機づけ，モチベーション）を高めるためにも重要です。

　コーチングの心理教育についての実際は，Step1（65ページ）を参照ください。

### ⑥　環境調整 ──家族・学校・職場

◆　幼少期

　ADHDの行動特性は，幼少期より周囲を困惑させるような内容であることが多く，家族が本人の行動に疲弊し，困り果てていることが多いものです。そのため，家族に対する支援は必須です。近年では，ペアレントトレーニングやペアレントメンターといった保護者支援の推進を国の施策として実施することが明言されるなど，子育て支援の視点からもADHDに対する支援的アプローチは広がりをみせています。

◆　児童期

　この時期のADHDに対する環境調整は重要です。学級を構成する児童数や，着席する位置など，学習環境によりADHD児童の適応状態が左右されます。教師や関係者は，注目しなければいけない黒板の周りに余計な刺激がないかどうかなど，適切な学習環境を整えていくことが求められます。

◆　青年期

　中学生になると，多動が減じ，行動上の問題がみえにくくなるかもしれません。しかし，授業中上の空で聞いていない，やる気がなさそうにみえる，それをやる気がないものとして教師が叱責することで，ますますやる気をなくすなど，問題は形を変えて存続しています。また，不登校や引きこもり等二次障害が前面に出てくる時期でもあります。

　本人は，家族による支援を避けるようになり，友人との関係が希薄になったり，あるいは非行化するような関係が濃密になったりと，複雑化するのもこの時期の一般的

な特徴です。環境調整としては，本人の主体性を重視し，支援の度合いを調整しながら，児童期よりは見守る体制を重視します。そうはいっても，思春期は支援が特にむずかしい時期だと考えてください。

◆ 成人期

　ADHDのある社会人にとって，職場は最も大きなテーマです。不注意やケアレスミスが致命傷となり，仕事が続けられなくなることもあります。ADHDのある人にとっての働きやすい環境を考えることが大切です。

　例えば，「無駄を排して仕組みをつくる」という片づけシステムを実行して成果を上げている大企業があります。これは，ADHDのある人のためではなく，全社員のために行われたものですが，ADHDのある人にとって働きやすい，つまり失敗が起こりにくい環境であるといえます。

　このように，ADHDのある人に配慮された環境は，その他の社員にとっても効率的で働きやすい職場になります。また，ADHDのある人が働きやすい環境を整えようとする職場の雰囲気そのものが，本人にとって安心して働ける場につながります。

　コーチングでは家族，教師，支えとなりうる関係者などを重要な「資源」としてとらえます。資源を有効活用することで，目標に向かった行動を起こしやすくします。

---

### Column　コーチングの理論的背景
──認知行動療法との関連から──

　コーチングは，対象者の行動面にアプローチします。それによる成功体験によって，二次的に，認知や感情など内的な変化が起こることを意図しています。認知行動療法（CBT）などが，対象者の認知面への介入をダイレクトに試みるのとは対照的です。

　ADHDのある人では，自己流のやり方が空回りしてしまう，人や道具などの資源を機能的に活用できないといったことが生じやすいのですが，そのような失敗が繰り返されることで自己評価も低くなりがちです。行動にはたらきかけるコーチングを実施することによって，資源の活用や前向きな補償方略が促進され，状況や問題が好転し，ポジティブな自己評価につながり，それが次の行動につながるという好循環が生じるのです。

# 第2章 コーチングを始める前の準備

## ❶ コーチングの実施スタイル

　ここでは，コーチングを実施する際に必要な情報をまとめてお伝えします。
　「いつ，どこで，だれが，何を，どのようにコーチングを進めるか」について，順を追って説明します。
　これらは，あなたの所属や職種に影響されるので，まずは「だれが」から始めます。以降，あなたの状況に合った情報を取捨選択してください。

### (1)　だれがだれに対して行うのか
#### ①　だれがコーチになるか

　コーチングによる支援を始めるにあたり，実際の状況や照会されてくる流れとして，次のことが想定されます。照会の流れは，左から右の方向です。また，各カテゴリーに対してキーとなる関係者も加えています。

> 文字白抜き は，本書のコーチングが全般に使える人
> 文字線囲み は，本書のコーチングのエッセンスを部分的に使える人
> を意味しています。

◆　**中学校・高等学校の場合**

- 担任教師 → 特別支援教育担当の教員
  担任教師が，特別支援教育の専門性のある教員に対して，自分のクラスのADHDのある生徒で心配している子がいる旨を伝えた場合，特別支援教育の専門性のある教員はコーチになりえます。また，担任教師はADHDの生徒に対して，部分的にコーチングの手法を使うことができます。
- 本人・家族 → 児童精神科や小児神経科の 心理士
  ADHDの本人やその保護者・家族が，児童精神科や小児神経科の心理士に対して，その本人が心配であると相談する場合，心理士はコーチになりえます。
- 親 ・きょうだい・友人
  ADHDの子どもをもつ親は，「励ます」「やれるようにするために話し合う」など，コーチングを部分的に活用できます。

## ◆ 大学の場合

- 本人→大学相談室の 職員 ・ ボランティア支援員
  ADHDの学生が，大学の学生相談室の職員やボランティア支援員に相談した場合，ADHDの学生に対して，職員・ボランティア支援員はコーチになりえます。
- 本人・家族→児童精神科や心療内科の 心理士
  ADHDの本人や家族が，心理士に相談した場合，心理士はコーチになりえます。
- 親 ・きょうだい・ 友人
  ADHDの本人の親は，「励ます」「やれるようにするために話し合う」など，コーチングを部分的に活用できます。友人の助けを借りられる場合もあります。

## ◆ 職場の場合

- 本人→会社の総務の職員・ 上司
  ADHDの本人が，上司に相談した場合，上司は部分的にコーチングの手法を使え，本人を支えることができます。
- 本人→心療内科や精神科，発達障害外来の 心理士
  ADHDの本人が，心理士に相談した場合，心理士はコーチになりえます。
- 本人→ 就労支援センターの職員 ・ ジョブコーチ
  ADHDの本人が，就労支援センターの職員やジョブコーチに相談をもちかけた場合，この二者は部分的にコーチになりえます。

## ◆ 家庭（成人）の場合

- 本人→心療内科や精神科，発達障害外来の 心理士
  ADHDの本人が，病院等の心理士に相談した場合，心理士はコーチになりえます。
- パートナー→心療内科や精神科，発達障害外来の 心理士 →本人
  ADHDの本人のパートナーが心理士に相談し，本人が受診した場合，心理士はADHDの本人に対してコーチになりえます。
- 親 ・きょうだい・ パートナー
  ADHDの本人に対して，その親およびパートナーは，部分的にコーチングの手法を活用できます。

② だれがコーチングを受けるか

## ◆ 対象になる人

本書のコーチングを受ける人は，基本的にADHDのある人です。

◆　対象にならない人

　対象者が重いうつ病などの精神疾患がある場合（疑いのある場合も含む），コーチングは実施せず，速やかにその領域の専門家に照会することが，コーチの重要な役目となります。対象者の症状が落ち着いたら始めましょう。

　コーチングは心の病や障害を「治す」ための心理療法ではありません。したがって，心理療法を受けたいという人は対象になりません。

◆　対象となるが注意を要する場合

　ADHDでは自閉スペクトラム症（ASD）を併存する場合も多いものですが，対象となる人との協働関係が築くことができればコーチングの実施は可能です。

## (2)　いつ行うか（時期・タイミング・頻度・期間）

◆　動機づけ

　コーチングを始めるにあたって最も重要になるのは，ADHDのある人の「動機づけ」です。本人の動機づけの程度で，コーチングによる効果は異なってきます。

　動機づけが高い，つまり本人が前向きな気持ちで積極的に取り組もうとするときに，コーチングの効果が発揮されます。逆に，本人の意思に反して無理に連れて来られた場合には，コーチングは成立しません。否定的な感情はないにしても，本人に「連れて来られた」という思いがある場合にも，効果的なコーチング関係は望めません。

◆　時　期

　実施する機関によります。例えば学校の場合，環境の変化が大きい時期である学年の変わり目などは避けます。コーチングでは，ADHDのある人の希望や目標を達成するために，ある程度の努力を要します。クラスの担任が交代する，時間割が変わる，クラス替えがあるといった環境の変化による本人の負担は計り知れません。気持ちの余裕がない状況の中で，「これに取り組もう！」という意欲は生まれないものです。

◆　頻度の目安

　「最低限，週1回程度」は，何らかの形で対象者とコンタクトを取るとよいでしょう。コーチングは，相談や面接のように，毎回1時間程度話すといった一定の形式を必ずしも取りません。もちろん1時間程度じっくり対話する場合もありますが，テキストメッセージで連絡を取り合ったり，数分程度の立ち話で進捗状況を聞くなど，コンタクトの取り方にはバリエーションがあります。

長時間にわたり面談する頻度は少なめにして，「1回の時間は短く，高頻度」に連絡を取り合うこと——これは，コーチングのポイントです。

#### ◆ 期間

まずは3カ月を目途とします。コーチングの実施によって，変化が起きるまでに要する時間がこれくらい必要だからです。

対象者が，「いつまで続くのだろう」という感覚をもつことは望ましくないため，コーチングの初めには，取り組みの目安は3カ月であると伝えることが大切です。これは，コーチがADHDのある人と目標を共有し，共に進めていくためにも重要です。「漠然と対象者に併走するだけ」となってしまうのを避けるためです。

3カ月がおおよその目安ですが，その後継続するかここでいったん終了とするかは，コーチと対象者との話し合いで決めます。対象者の所属する組織によっては，移動などもあるでしょう。状況によって，しばらく休んで再開というパターンもあります。

### （3）どこで行うか（場所・場面）

#### ◆ 場所

コーチングを実施する場所は，あなたの所属する機関と職種によります。もしも中学校の教員であれば，特別支援の枠組みで使用できる教室が適しているでしょう。普段ほかの生徒が利用する教室ではプライバシー保護の不安があります。また，職員室内では生徒は落ち着いて対話することができません。ただし，生徒が教員に簡単な現状報告をする場合，場所は職員室や廊下など柔軟に考えることができます。どんな状況においても生徒のプライバシーが守られる環境で行ってください。

コーチングでは，ADHDのある人もコーチも書く作業が組み込まれているため，椅子と机，またはバインダーの用意が必要になります。あなたが行う次回のコーチングセッションの内容によりますが，基本的に簡単な現状報告以外は「コーチングのための場所」を確保しておくほうが，対象者の負担が少なく済みます。今日はここで明日は別の場所といった設定の仕方は，対象者のワーキングメモリー※に負荷がかかります。結果的に，約束した時間に現れない，といったことにつながってしまいます。

※ワーキングメモリーとは，何かを覚えておきながら，違うことをしても（考えても），覚えていたことを忘れない能力のことです。ADHDのある人のワーキングメモリーは，うまく機能していません。

### (4) 何を行うのか（コーチングの基本的な考え方）

　コーチングの本質は，単にフォーマットに従って実施することではありません。コーチングとは，コーチングという考え方や方法を使って，ADHDのある人の生活がよりよいものになるようにサポートすることが重要なのです。

　したがって，周囲の願いや期待を基本軸としません。あくまでも，本人の希望や目標にそうものです。親が高校や大学を卒業してほしいと思うのは当然です。教師が宿題をやってきてほしいと願うのも否定しません。ただ，このような期待や希望が真に当人のものにならない限り，コーチングを行っても変化は起こらないでしょう。

### (5) どのように行うか（座り方・体勢）

　コーチングはどのような座り方・体勢で行うのか，対象者への配慮点も含めて解説します。ただし，使える部屋や机，椅子など資源や道具は環境によってさまざまです。与えられた環境の中で，可能なスタイルを見つけていただければと思います。

#### ① L字形式

　90度の角度で座るL字形式のメリットは，対面時の対人的な圧迫感を最小限に抑えられることです。対面すると，ADHDのある人によっては，非言語情報の拾いすぎが起こる場合があります。つまり，対面する相手の表情や身振り手振りなどで，注意が削がれてしまうということです。また，ADHDのある人は幼少期から「叱られ体験」が多いため，例えば，コーチが無表情でいると，「コーチは怒っているみたいだ」など，ネガティブにとらえてしまうことがあります。

　L字形式は，こうした非言語情報で注意が削がれることが少なくなります。ただし，どんな座り方であっても，コーチは対象者が安心感を得られる表情で接することと，非言語情報の拾いすぎが起こる人に対しては，身振り手振りが多くならないように留意することが大切になります。

第2章　コーチングを始める前の準備

### ②　横並び形式

　横並びに座るメリットは，書く作業でコーチがサポートしやすいことです。
　ADHDのある人の多くが書字障害を併存しています。コーチングでは，対象者が書面に記入する際の正確さやスピードを求めません。場合によっては，ADHDのある人の発話内容をまとめ直して書き込む作業自体をコーチが行うこともあります。その際，横並びの体勢で書き表すことで，対象者が内容を確認しやすくなります。

### ③　対面形式

　対面は最も多くとられる形式ですが，コーチングの初期段階では特に，物理的・心理的に不便な面があります。
　心理的なマイナス面として，L字型とは真逆で，対人的な圧迫感が生じやすいことがあげられます。物理的なマイナス面として，コーチングでは読む・書くという要素が入ることがありますが，その際，コーチの方向からサポートがしにくくなります。
　ただし，プラス面として，表情やジェスチャーなどの非言語情報が，言語情報だけでは不足する部分を補えることがあります。また，対象者によっては，コーチの顔が見えると安心する人もいますので，対面形式が必ずしも適さないということではありません。

### ④　立ち話形式

すべてをこの形式で行うことはできませんが、立ち話程度で行えることもあります。

内容としては、「その後どうですか？」など、取り組み状況の簡単な報告です。「短時間・高頻度」を実行するのに便利です。

コーチは、この時に会って報告を受けたという記録を忘れないようにしましょう。

### ⑤　通信形式

対象者とコーチが離れた場所で、電子メール等でやりとりをすることもあります。

この形式も、立ち話形式と同様、「短時間・高頻度」を確保するのに適しています。ただし、対象者が「メールの文章を考えるのが苦手」「何度も確認したうえに送信ボタンを押せない」「メールを送り忘れる」といったことが起こることもあります。

その場合、時間を決めたうえで、電話でやり取りを行うという選択肢もあります。欧米のコーチングの臨床研究では、ひと昔前は電話でフォローしていました。近年、メールやチャットなどIT機器を活用することが多くなりました。

## ❷ ADHDを理解する

　ADHDのある人に対しての支援を考えるうえで，まず大切なのは，ADHDとは何かをあなた自身が知ることです。ADHDの基本的な症状に関して，十分に理解しておいてください。ADHDは，不注意，多動・衝動性という要素が診断の基準となりますが，それらは普段の生活の中で次のような困難さとして現れるのです。

### (1) ADHDとは
#### ① 障害特性

　注意欠如・多動症（ADHD）の特徴は，不注意，多動・衝動性です。ADHDの診断基準DSM-5（APA，2013）では，不注意では，ケアレスミスや注意散漫，忘れ物など，多動・衝動性では，じっとしていられない，しゃべりすぎるなど，それぞれ「9項目中5項目以上が6カ月以上持続していること」が基準になります。

　ADHDのある人の中には，対人コミュニケーションの障害をおもな特徴とする自閉スペクトラム症（ASD）との併存がある場合や，学習障害（LD）との併存がある場合もあります。

#### ② 行動特性

　元来ADHDは，児童青年期に診断される障害の枠組みにあります。そのため，着席できないなど，児童期のADHDに対する教育的配慮が試行錯誤され，近年では公的な支援体制も拡充してきました。

　しかし，ひとくちにADHDといっても，児童期と青年期とで行動は変化します。ADHDの一つの特徴として，多動症状が徐々に減っていくことがあげられます。学齢期初期に着席し続けられなかった子どもも，青年期には立ち歩くことがなくなります。しかし，実際には何かしら理由をつけて立ち上がる，内的なソワソワ感や落ち着かない感じがある，といったように，客観的にわかりにくい状態であっても多動症状の影響は残ります。こうした多動症状の影響は，周囲からは，「怠惰」や「だらしなさ」としてとらえられてしまうことが多いものです。

#### ③ 自尊感情

　ADHDの臨床特性として，自尊感情が低いことが指摘されています。その背景には，長年にわたる親からの叱責，継続的な学力の問題や，他者との良好な関係の構築

の失敗などの要因があると考えられています。自尊感情の低さは社会に適応していく力を弱めます。自尊感情の低下の予防や対応が重要です。

④ 原因と病態

　ADHD の原因は，研究が進められる中でわかってきていることがあります。

　過去には「親の育て方が要因」とみられることがありましたが，それは否定されています。

　近年の研究からは，ADHD のある人の脳の前頭前野と呼ばれる部分がうまく働いていないことが明らかとなっています。前頭前野は，実行機能である時間管理，オーガナイゼーション，プランニングの役割を担っています。したがって，ADHD のある人は，前頭前野に関連することが，生まれつきよく働きません。

　また，脳内の報酬系という部分が定型発達者とは異なります。これは，モチベーションの極端さや依存症のリスクと関連しています。つまり，やりたいことには熱中するものの，気分が乗らないとまったくやる気が起きず，実際にやれないといったことが起こります。成人期では，アルコールや喫煙，薬物の依存症になるリスクが高いことが報告されています。

## (2) ADHD による日常生活への影響

　ADHD の症状が実際の生活でどのような困難さとして現れるのでしょうか。

　ここでは，不注意，多動・衝動性に影響される日々の生活の具体的な困難さを，①時間管理，②整理整頓，③不注意・ケアレスミス，④対人関係の四つの視点から概観します。

　コーチングを実施する際には，このような困難さがあることを念頭に進めていきます。ただし，これらを克服することがコーチングの目標となるわけではありません。これらの特性を踏まえたうえで，実現の可能性を考慮しながら，対象者自身が達成していきたい目標を立てていくのです。

① 時間管理

　時間管理は，整理整頓と共に身辺管理を構成する要素であり，「時間」に関するあらゆる管理能力を包含する重要なスキルです。

　ADHD のある人は，以下にあげる時間管理に関する困難さの程度が，日常生活上に支障をきたすレベルにあります。

- 日程調整
- 予定管理
- プランニング
- 優先順位づけや先延ばしのコントロール
- 時間感覚を適切にもつこと

② **整理整頓**

整理整頓は，教科学習のように意識的に教授される機会はほとんど得られず，「自然と」身につく行動ととらえられがちです。定型発達の人でも片づけが苦手という人が多くいますが，ADHDのある人は，次にあげるような整理整頓に関する困難さの程度が日常生活上に支障をきたすレベルにあります。

- 所有物を把握すること
- 必要な物を取捨選択すること
- 使用した物をもとの位置に戻すこと
- あらゆる物を分類し，定位置を決めること
- 忘れ物，落とし物，物の紛失

また，整理整頓の対象となるのは物だけではありません。情報を整理したり処理したりすることも，整理整頓の重要な対象となります。

③ **不注意・ケアレスミス**

ADHDの診断基準DSM-5（APA, 2013）のうちの一つである「不注意」は，九つの症状から説明されていますが，これらは不注意による日常生活上の困難さを表しています。なかでも，「（a）学業，仕事，またはほかの活動中に，しばしば綿密に注意することができない，または不注意な間違いをする（例：細部を見過ごしたり，見逃したりしてしまう，作業が不正確である）」という症状は，ケアレスミスの多さという特徴を示しています。

④ **対人関係**

対人関係上の困難は，発達障害のなかでもASDの主たる特性ですが，ADHDとASDの併存は高いことが報告されています。これは，ADHDのある人の多くが，対人関係上の困難さを抱えるリスクが生物学的に高いことを指しています。

また，ASDを併存していなくても，雑音のある場で単独の会話に集中できない，会話中に注意がそれる，相手の話に興味を失う，動きたくなる，失言といった症状が

原因で対人関係に支障をきたすこともたびたびあります。

　さらに，ADHDの人の認知的な特徴として，一つのものごとを極端にとらえる「全か無か」という考え方，他者が自分を否定的にとらえているとの思い込みなどがみられますが，これらは対人面にも影響を与えます。

### (3) ADHDの思考の特徴

　ADHDは行動上の問題を基準に判断されますが，行動上の問題をもとにして，さまざまな内面の変化が起こっているのです。場合によっては，うつ病など他の精神疾患を誘発したり，人間関係を著しく悪化させたりします。ですから，これらを理解しておくことが大変重要になります。

　以下，ADHDのある人の考え方の特徴を列挙します。

- ・自尊感情の低さ
- ・叱責に対する過度な反応
- ・一方的な思い込み
- ・見通しの甘さ
- ・やる気のなさ
- ・反抗的な態度
- ・全か無か（all or nothing）
- ・その場しのぎの嘘をつく
- ・証拠や根拠のない万能感

### (4) ADHDと類似する特徴との区別

　ADHDの基本的な症状，日常生活への影響，思考の特徴についてみてきましたが，ADHDと診断されていない場合にも，上記で示した「ADHDのような症状」がみられることがあります。

　下記に発達段階ごとにADHDに似た行動や状態をまとめました。ただし，これらの区別や援助について，まずは専門機関での判断が必要となります。

- ・児童期……虐待をはじめとする不適切な養育環境や睡眠不足による落ち着きのなさ
- ・青年期……思春期特有のやる気の低下や無気力，学習不振
- ・成人期……抑うつ傾向

## (5) 発達段階におけるADHDの特徴とコーチングの配慮点

　発達段階におけるADHDの特徴とコーチが配慮すべき点を図表にしました。
　上の図は，発達段階におけるコーチングの適用度合いを示したものです。幼少期・児童期は，親や教員へのアプローチに重点が置かれますが，対象者が大人になるほどコーチングの本人への適用度合いが増すことを示しています。

**コーチングの適用度合い**※
※本人への直接的なコーチングを行うことを意味し，親などへのコーチングは除く。

対象者が大人になるほど有効

|  | 児童期 | 青年期 | 成人期 |
| --- | --- | --- | --- |
| 各時期のADHDの特徴<br><br>不=不注意<br>多=多動<br>衝=衝動性 | 不 一つの活動時間が短い<br>多 落ち着きなく動く<br>衝 割り込み・待てない | 不 持続力のなさ・細かいミス・計画性の低さ<br>多 そわそわする<br>衝 低い自己統制力・無謀 | 不 見通しを立てられない・作業の完遂困難<br>多 落ち着きのなさの自覚<br>衝 事故・せっかち |
| コーチが配慮すべき点 | ・基本的な介入は，応用行動分析，環境調整，ペアレントトレーニング<br>・親や教員へのアプローチに重点が置かれる | ・精神年齢は3年遅れととらえる<br>・反抗期<br>・動機づけのムラ<br>・生徒の価値観を重視<br>・生徒の失敗への寛容さ | ・原家族からの自立<br>・学生から社会人への移行期<br>・大学生はレポート提出・単位管理<br>・併存症（うつ病）への注意<br>・本人の主体性を重視 |

**図3** 発達段階におけるADHDの特徴とコーチングの配慮点
戸所・金生（2013）を一部参考に作成

## ❸ ADHDのある人の実際　――座談会形式で特徴を知る――

　ADHD症状に起因する生活の問題をより実際にイメージしてもらうために，当事者の視点でとらえた困難さを4人の登場人物による座談会形式で紹介します。まず，各人の人物像と「座談会での様子」（話し合い活動時に起こるADHD特性）を概観します。ここにはADHDの不注意，多動・衝動性がさまざまなところに散らばっています。

### タロウくん（14歳・男性）ADHD混合型

人物紹介：中学3年生。授業中は寝ていることが多く，何事にもやる気がありません。模試の成績は悪くはありませんが，学校の内申は低いです。

座談会での様子：タロウくんは，話し合い活動は苦手です。興味のない内容の場合は寝てしまい，面白そうと思った話題に対しては，「そんなことも知らないの？」などと言って相手を怒らせてしまいます。相手の怒りを掻き立てる意図はないのですが，自分の知識を相手に押しつける形になりがちで，場の雰囲気を悪くすることがあります。

### タクミくん（17歳・男性）ADHD混合型

人物紹介：高校2年生。遅刻や忘れ物が多くやんちゃです。友達は多いもののトラブルも多くあります。寝不足などにより保健室の常連です。

座談会での様子：のりがよく話し合いにも積極的に参加しますが，相手が話したキーワードをきっかけに，つい自分が話したくなり，気づけばほとんど一人で話している状態になります。しかし途中で話し合いの目的を見失い，たくさん話している割には内容が伴っていないことがよくあります。

「座談会での様子」にある，ケンタさんの「ぼんやり」は不注意に，タクミくんの「一人で話し続ける」は多動や衝動性に該当します。リサさんの「考えが沸いてきて止まらない」状況は，思考が多動の状態であるといえるでしょう。タロウくんの「相手の怒りを買う言動を衝動的にしてしまう」傾向も注意が必要です。ADHDとかんしゃくや反抗的・挑発的な行動が著しい反抗挑発症は併存率が高いことがわかっています。対象者の人格でなく，コントロールがうまくいかない特性であるとの理解が必要です。

### ケンタさん（20歳・男性）ADHD 不注意優勢型

人物紹介：大学3年生。課題提出ができず，単位取得が危うい状況にあります。就職活動の開始を前にあせり始めています。

座談会での様子：大学生のケンタさんは，一見「普通」に話し合い活動に臨みますが，ぼんやりとほかのことを考えているため，口数は少ないです。「ケンタさんはどう思う？」などと唐突に聞かれると，頭の中が真っ白になり困ってしまいます。

### リサさん（32歳・女性）ADHD 混合型

人物紹介：スポーツジムのインストラクター。話し出すと止まらなくなります。楽しいこと以外はやりたくありません。あわててパニックになりやすく，常にテンションが高いです。

座談会での様子：リサさんは，いざ話し合いが始まると，急に思い立ったようにいろいろと気になることが沸いてきます。事前に済ませておけることであっても，何か自分が拘束される状況になったとたんに，お茶を準備していなかった，トイレに行きそびれていたなど，行動に移したくなる衝動にかられます。ただ，自分に求められていることも十分に承知しているため，離席することはありません。動きたいのに動けない状況は，当事者にとって苦痛を伴っていますが，リサさんの困難さは，傍から見るとわかりにくいものです。

では，ここからは日々の生活に起こる困難さの一部を，4人で具体的に話し合って
もらいます。上記のような会話上の特性は，ここでは除いて進めます。
　まずは，時間管理の困難さの中でも困っている人の多い，「課題を仕上げること」に
関して話し合ってもらいましょう（ポイントとなるところで，筆者が解説を入れます）。

## (1) 課題の完遂について

**司　会**：それでは，みなさんにはまず，時間にまつわる大変さについて話し合ってもらいま
　　　　す。時間の管理といっても漠然としているので，もう少し具体的にいうと，予定に合
　　　　わせて仕事や課題を終えることについてはいかがですか？

**タロウ**：周りの人は「困ってる」って言うけれど，僕は何にも困ってないから。

**タクミ**：そうなんだよね，はっきり言って，自分は特に困ってないって言うか……。

**司　会**：リサさんはいかがですか？

**リサ**：時間管理が何なのかがそもそも不明でした。小さいころはよく怒られたけれ
　　　　ど，怒られる理由がよくわからなかった。大人になってADHDのことを知って，自
　　　　分は集中し過ぎて生活のサイクルが乱れたり，複数の仕事が回ってくると収拾がつか
　　　　なくなって※，結局，締め切りに間に合わなかったりすることがわかりました。
　　　　※マルチタスク（複数の課題を同時に行ったり，順序立てて行ったりすること）の管理の困難さ。

**司　会**：タロウくんは「宿題を提出しなくて成績が下げられる」と聞いたけど，さきほどのリ
　　　　サさんと似た理由でそうなるのですか？

**タロウ**：僕の場合，こういうことを言うと怒られちゃうけれど，理由とかは特にない
　　　　んです。

**タクミ**：考えるのが面倒くさいというのもある。後でやろうとは思っていても，その
　　　　うち忘れる。

**ケンタ**：僕は，やらなきゃと思っても手につかないというか。あせってはいるけれ
　　　　ど，気持ちが先走って結局できないという感じです。あせればあせるほど余計に。

**司　会**：仕事や課題を終えることがむずかしい背景にも，いろいろな理由があるようですね。

第2章　コーチングを始める前の準備

筆者解説

　　ADHDのある人は，周りの人から，「怠けている」ととらえられがちです。実際に当事者の多くは「面倒くさい」と話します。その内容の多くは，一般的にみれば多少の努力でどうにかなることです。ただ，ADHDのある人にとっては，多少であっても「努力」をすることは大きな負担を伴うものなのです。

　これは，脳内の報酬系という部分が関係しています。ADHDがあると，インターネットゲームなど，その場ですぐに「快」が得られるほうに引きずられ，やめられなくなりやすいのです。一方で，大学受験など数年先に得られるかもしれない報酬に対しては，やる気が続きません。

　また，ADHDのある人は，「実行機能」がうまく働いていないことを理解しておく必要があります。実行機能とは，ものごとを順序立てたり，感情の調整をしたり，同時並行で何かをするといった能力のことです。リサさんのように，仕事量が増えてくると収拾がつかなくなるのは，実行機能がうまく働いていないことの現れといえます。

　ところで，ここの登場人物に描かれている困難さを，あなたも経験したことはありませんか。ADHDのある人の問題を話題にすると，「私も同じ経験がある」という声をよく耳にします。では，ADHDのある人とない人との違いは何でしょうか。それは，問題の起こる頻度と期間，そして生活全般に及ぶ「生きにくさ」が深刻であることです。

　ADHDのない人は，失敗から学ぶことができます。たとえ失敗したとしても，そこから学ぶことができます。ほかの方法を試してみるとか，ほかの人のやり方を参考にしてみるといったことをします。そして何より，時間や課題の管理などの失敗を原因として失職したり，留年したりといった大きな出来事が生じることは滅多にありません。

　一方，ADHDのある人の多くは，失敗しても同じことを繰り返す，他者のやり方をまねしてみようと飛びついても長続きしない，といったことが起こります。そもそも課題を行わず，その場をやり過ごすことに慣れている場合もあります。

　さきほどの例でいえば，課題や仕事等やるべきことを先送りにしたり，手を抜いたり，土壇場であわてたとしても，何とかなるのがADHDのない人です。つまり，どんなに中途半端な仕上がりであっても期限ギリギリで提出したり，理由を添えて延長を申し出たりしてやりくりし，なんとかその場を切り抜けることができます。また，時間管理が原因で会社や学校に行けなくなるほど，心理的に追い詰められる状況にはなりません。

　ところが，ADHDのある人は，途中まで同様の経過をたどったとしても，結局提出できな

43

い，やらない，（気にはなっている場合もあるが）放置するなど，致命的な失敗を繰り返します。ここは大きな違いです。ギリギリでも何とかできていればよいのです。ただ，そこができないがために大きな失敗となり，仕事先では周りの人の信用を著しく損ったり，課題を提出できず留年や退職に追い込まれたり，ということが起きてしまうのです。

## (2) 遅刻について

司　会：ADHDのある人は，よく「時間にルーズだ」と言われます。みなさんはいかがですか？

ケンタ：僕は授業に毎回遅刻です。大学まで片道2時間かかるので。遠いんですよね。遅刻するとまずいんですけどね。

タロウ：僕は，なんというか，遅刻しても，何も困ることがないです。体育の授業とか出てもあまり意味ないし。あと，毎日10時間くらい寝てるんですけど，どんなに寝ても眠くて起きられないので遅刻してしまうというのもあります。

リサ：私は，昔は万年遅刻だったみたいなんですけど……というのも自分ではよく覚えてないので。ただ，働くようになってからは，遅刻はしないですね。でも，遅刻しないように，いつもすごく気を遣っているので，時間どおりに行くということでの疲労感がすごいです。

|筆者解説|

　　ADHDのある人は，ケンタさんのように，わかっていてもうまくいかないことがたびたびあります。遅刻をしないという社会的なルールは，多くが小学生の時点で「自然と」身につくことなので，「家が遠いから」といった発言は，周囲からは，年齢にそぐわない幼稚な発言だととらえられてしまいます。ただ，時間の感覚がもてない，何をしていたのかすぐに忘れてしまう，好きなことを夜通し続ける（過集中）など，さまざまな理由から「時間を意識しながら行動できない」状況になっても，だれかに時間管理について手順を追って教えてもらえる場面はありません。家庭では「早くしなさい」と声をかける，時計の読み方を教えるといった内容以外の躾がされることは稀でしょう。

　筆者の出会うADHDのある人からは，成人期になって「時間って気にするものなのですね」「腕時計があると時間に間に合うんですね！」などといった声が聞かれます。こんなとき，ADHDのある人が児童期・青年期において，時間を管理することがどんなに大変なことなのか

44

を思い知らされます。また，このエピソードからは，時間の概念を知るチャンスがあるかないかで，その後の時間管理に大きな違いが生じる可能性を感じます。今後，あなたと対象者が結ぶコーチング関係の中で，時間管理にまつわる取り組みを，ぜひ実行してください。まず，対象者があなたのところに来なければ，コーチングは進められないのですから。

　さて，タロウくんの「行っても意味ない」といった発言，あなたが教員であればさまざまな感情が沸き上がることでしょう。実際，活発なADHD児から，同様の発言を聞いたことがある方は多いと思います。タロウくんのような考え方は，実は特別なことではありません。ADHDの有無にかかわらず，多くの児童生徒が，授業がつまらないと，出るのは面倒だ，行きたくない，休みたいなどマイナスの感情を抱きます（授業がつまらない，に関する議論はここでは脇に置きます）。ただ，タロウくんと定型発達児童生徒との違いは，「衝動性コントロールの不全」の有無です。つまり，定型発達児童は「授業がつまらないから出たくない」と思っても言葉には出しませんが，これがむずかしいのがADHDのある人なのです。

　また，タロウくんは「自分は困らない」と言っています。これは「本人の困り感を大事にしたい」私たちにとってとまどうところですが，実際に現場の先生方から，こうした状況はたびたびお聞きします。しかし，時間管理をはじめ，それができなければ社会人としての信頼性が揺らぎかねない事態に直面する成人の場合は違います。リサさんの発言にもみられるように，「遅刻をしない」という，傍からみれば何でもないようなことでも，本人は遅刻をしないよう，かなりの疲労を伴うエネルギーをそこに注ぎ込んでいるのです。

## (3) 忘れ物について

司　会：では，忘れ物についてのお話を聞かせてください。

　　リサ：仕事で必要な書類を忘れることがあります。これは恐怖です。

　　タロウ：あまりないです。忘れても隣の人に借りるから大丈夫です。

　　タクミ：僕はしょっちゅう忘れ物をします。

司　会：忘れ物をしないように，何か工夫してみたことはありますか？

　　タクミ：親には，「前日までに明日の持ち物を準備するように」と言われてます。当日に準備するのではなく。

リサ：出る日に準備するのはダメですよね。私の場合，仕事道具は前の晩に支度しておきます。

司　会：リサさんは絶対に忘れ物をしたくないと思っているし，前の晩に準備もしているのにもかかわらず忘れてしまうのですね。

|筆者解説|

　　リサさんは発想が豊かでアイデアが湧き出てくるタイプの人です。そのため，翌日の朝，家を出る前に，アイデアを書きたしたりするために，前日準備した資料をバックから取り出していました。洗顔，化粧，朝食，歯磨きなど，出勤前の準備が続きますが，その間もその資料を片手に仕事のことを考えています。絶対に遅刻をしたくないリサさんは，多大なエネルギーを注ぎ，時間管理をしています。遅刻しないことに注意を払い，すでに資料が出しっ放しであることは念頭にありません。とりあえず，バックから出した物はしまい直しますが，肝心の資料は，考えながらあちこち持ち歩いていたためバックのそばにはなく，結果的に置き忘れてしまうのです。

　タロウくんの場合，本人の困り感は薄いものの，両親からは「3歩歩くと忘れる」と報告されています。何かを取りに自室に戻っても，その何かを持って戻ることはないため，タロウくんが自室に入ってから必ず声をかけるそうですが，その際に返事があってもすぐに戻らない限りまた忘れてしまうとのことでした。家では忘れても怒られる時間をやり過ごすだけ，学校では借りればいい。こうした現状からタロウくんは，変わるチャンスをつかめずにいるようです。

## (4) ケアレスミスについて

司　会：最後に，細部を見逃すなどのケアレスミスについて，みなさんはいかがですか？

ケンタ：僕はケアレスミスをよくします。ちょっとした書き間違いは多いですし，ペンキ塗りたてのベンチに触ってしまったり。この間はうっかり女子トイレに入ってしまって。もちろんすぐに出ましたよ。電車の乗り過ごしや乗り間違いもよくあります。

司　会：大変そうですが，致命傷とまではいっていないような……。

ケンタ：そうですか？　でもけっこう落ち込みます。またか……って。

タロウ：僕はケアレスミスしないようにいろいろ気をつけています。わかっているのにケアレスミスで問題を落とすのが悔しいので。

第2章　コーチングを始める前の準備

**タクミ**：すごいね。でも，どんなに気をつけるようにしてもミスってしない？

**タロウ**：まあそうだけど，少しずつ少なくはなっていると思います。

|筆者解説|

　ケアレスミスには，「不注意」の症状が関係します。本来注意を向けるべき対象から，ほかに注意がそれてしまったり，必要とする情報を見落としてしまったり，といったこともあります。ケアレスミスは，ぼんやりしている時にも起こりますが，ミスをしないように気をつけていても頻繁に起こります。そのため，ADHDのある人に対して「気をつけて」や「注意して」といった声かけを行ってもあまり意味はありません。本人にとっては，「注意しているのにうまくいかない」という状況なのです。

　ケアレスミスが仕事上許されないというある職場では，FAXは必ず2人体制で送る，送信が無事済んだかを指差し確認する等々，ミスを予防するための徹底的な対策がとられていました。万一失敗すると，失敗原因を人に求めず，環境やシステムの改善で対応していました。その職場に著者のクライエントが勤めていたのですが，「その職場は安心できた」と話していました。

　ミスはだれしも経験することです。しかし，ADHDのある人のミスは頻度や程度が著しく多く，自信低下につながることも多いものです。ミスをした人を責めるのではなく，ミスの原因追究や分析と，共に対策を講じていこうという前向きな姿勢がADHDのある人を勇気づけます。

## ❹ ADHD 特性への対策・ヒント

### (1) ADHD のある人に役立つヒントとツール

　時間管理や整理整頓などについては，系統的な教育を受けていなくても，「自然と」身につく人は多いものです。しかし，ADHD のある人は基本的なスキルを誤って解釈していることがあります。また，本人からは，「知らなかった！」「だれも教えてくれなかった」といった声がよく聞かれます。

　そこでここでは，コーチが押さえておくこととして，「ADHD のある人の課題になりやすいこと」の概要を一覧にしました（表2）。これを念頭におき，表3「苦手を補うツールとそのチェックポイント」を用いて，対象者が使いやすいツールや方法について，一緒に確認しましょう（50ページ参照）。この作業は，67ページの「Step1-⑸　自分の生活への ADHD の影響を確認する」の段階で行うとよいでしょう。

〔コーチへの注意事項〕

　例えば，表3の「持ち物リスト」で「毎日必要なものをひとまとめにしているか」という項目で，対象者が「していない」と言った場合など，対象者ができていないからといって，それを直すように指示したり押しつけたりするやり方は，本書のコーチングの趣旨からははずれます。第3章のコーチングの進め方を参考に，あくまでも確認やコーチからの提案といったスタンスで本パートを利用してください。

**表2**　ADHD のある人の課題になりやすいこと

| | |
|---|---|
| 時間管理 | 遅刻，締め切りに間に合わない，集中しすぎるなど。 |
| ものごとの習慣化 | その場限り。持続しない。 |
| 学習 | ノートをとれない。聞き逃す。日々の学習が続かない。 |
| 食事 | 食事よりも遊びを優先させる。ほかのことに没頭して食べ損ねる。 |
| 睡眠 | 起床就寝リズムが乱れる。寝不足や寝すぎ。 |
| 服薬 | 飲み忘れ。 |
| 入浴・歯磨き | 後回し。時間がかかりすぎる。 |
| 身支度 | 後回し。時間がかかりすぎる。その他のことをやり始める。 |

**表3** 苦手を補うツールとそのチェックポイント

| | |
|---|---|
| スケジュール帳 | ☐ 大きさや重さは合っているか。<br>☐ 中身（ウィークリー式やマンスリー式など）の使いやすさはどうか。<br>☐ 好みのデザインかどうか。 |
| 筆記用具 | ☐ 種類（鉛筆，ボールペン，マジック，シャーペンなど）はどうか。<br>☐ 状態（いつでも使える状態にしておくことが大事，鉛筆削りが必要だったり，芯の入れ替えが頻繁に必要なものではない）はどうか。<br>☐ 場所はどこに設置しておくか。<br>☐ この一覧のリストや付箋紙，予定表にすぐに書けるか。 |
| メモ | ☐ 種類（持ち運ぶタイプ，卓上メモ，スマホ）の使いやすさはどうか。<br>☐ タイミング（メモを取る，見返す）を決めているか。<br>☐ メモを取れるか（書いた字が読めない，見返しても内容が不明ということはないか）。 |
| 付箋紙 | ☐ 大きさ（大中小）は使いやすいものであるか。<br>☐ 場所（どこに貼るか，終わった項目は確認するため別のノートに貼りかえるか，終わったらごみ箱か）を確認したか。 |
| やることリスト | ☐ リストのタイプ（付箋タイプ，ノートタイプ，メモタイプ）はどれが使いやすいか。<br>☐ タイミング（リスト化，リストの見返し，リスト完了の確認）は確認できているか。 |
| 持ち物リスト | ☐ 毎日必ず持っていく物は何か，知っているか。<br>☐ 毎日必要な物をひとまとめにしているか。<br>☐ 準備はいつやるのがよいか。 |
| 時間の管理<br>（時間の逆算方法） | ☐ どのように（頭の中で計算する，紙に書きながら計算する，スマホを見ながら計算する）逆算するか。<br>☐ やり方はわかっているか。 |
| タイマー | ☐ 種類（キッチンタイマー，見えるタイマー，スマートフォン）はどれが合っているか。<br>☐ 持ち運びできるか（入浴や歯磨き，身支度の時間を区切るのに場所を移動できると便利）。 |
| スマートフォン | ☐ アラームやリマインダー機能が果たせているか。<br>☐ あなたに合っているか（スマホを触るとゲームをやりたくなる，さまざまな機能で返って気が散る，入力など操作に気を取られ肝心のことを忘れる，といったことはないか）。<br>☐ 情報を留めておくのに役立っているか（写真，録音）。 |
| 腕時計（アラーム機能付き） | ☐ 表示タイプ（デジタル，アナログ）の見やすさは合っているか。<br>☐ アラームを設定できる個数がたりなくならないか。 |

## (2) 苦手は克服するよりツールで補う

表3のリストについて補足します。

### ① スケジュール帳，筆記用具，メモ，付箋紙

これらは，紙媒体に記録することで，学習を効率的に行ったり，日程や時間の管理を行ったり，忘れ物を少なくしたりするために必要なツールです。どれも，本人が使いやすいものを使っているか，置き場所は決めているか等を確認します。

スケジュール帳は，「時系列で1日の日程を把握できて記入スペースがある程度多いほうがいいからウィークリー式がいい」「長期で全体の予定を見渡せたほうが予定をつかみやすいのでマンスリー式がいい」など，本人が使いやすいタイプを選んでいるか確認します。これに加えて，気に入ったデザインのものを選ぶことで，「これをきっかけに日程の管理をしよう」というモチベーションにつながることもあります。

### ② やることリスト

「やること」を忘れないためや期日に間に合わせるために，リスト化しているか確認します。実施している人は，そのリストのタイプ（付箋，ノート，メモ）は何か，そのリストはどのようなタイミングで作成し，どのタイミングで見返し，リスト完了時にはどうしているかを確認します。

例：リビングの目立つ場所に専用ボードを設置し，そのつど付箋に書いて，時系列に貼る。その前を通るときに確認し，やり終えたものは付箋をはがす。

### ③ 持ち物リスト

対象者が毎日必ず持っていく物を把握しているか，忘れ物を少なくするために必要な物をリスト化しているかなどについて尋ねます。

また，毎日必要なものをひとまとめにしているか，その場合の準備はいつやるとよいか確認します。

例：当日あわてないよう，前日の夜に準備する。

第2章　コーチングを始める前の準備

④　時間の管理（時間の逆算方法）

時間を管理するための一つの方法として，時間の逆算を行っているか，行っている場合はどんな方法で計算しているか（頭の中，紙に書き出す，スマートフォンのアプリ等を利用）を聞き，その逆算方法が合っているか確認します。

例：「10時待ち合わせの場合，9時55分到着，所要時間60分（徒歩10分＋電車30分＋乗り換え10分＋バス10分）なので出発は8：55」という時間の逆算ができているか。

⑤　タイマー

時間の管理にタイマー（キッチンタイマー，見えるタイマー，スマートフォン等）を使っているか，それが対象者に合っているか確認します。

いまは，イラストのような，「見えるタイマー」も市販されています。これは，色のついたタイマーディスクをスライドさせて目的の時間にセットし，時間になると色の部分が消えてアラーム音が鳴る仕組みです。残り時間の減少とともに，色の部分も減るので，残り時間が一目でわかるというものです。

⑥　スマートフォン，腕時計（アラーム機能付き）

スマートフォンのアラームやリマインダー，写真や録音の機能を活用しているか確認します。また，表3に記したように，人によってはスマートフォンを触ると気が散るなどして，苦手を補うツールとしては適していない場合もあります。

スマートフォンや持ち運びのできるタイマーでは，置き忘れてしまうことが多いという人の時間管理には，アラーム機能付きの腕時計がよい場合もあります。時計のタイプは，「数字で表示されるほうが，読み間違いがなく時刻が把握しやすい」などという人はデジタル式が，「例えば，長針が3の位置に来たら出発するなど，長針と短針の位置関係で見たほうが，時間がつかみやすい」などという人はアナログ式が合っているといえるでしょう。

## ❺ コーチの援助内容（コーチが行うこと）

　コーチが行うことは，目の前のADHDのある人の歩みを傍らで支えることです。そのために，コーチングでは，コーチと対象者との対話が基礎となります。

　ただし，対話にもさまざまな種類があります。そこで本稿では，コーチングで行われる対話がどのようなものか，その対話をコーチがどう進めるか，この二つについて説明します。

### （1）対話の基本姿勢

　実行機能コーチングでの対話は，「解決志向アプローチ」をもとに，ADHDのある人個々人に合わせたものになっています。

　その考え方の根底には，「人は常に変化しており，問題には『例外（うまくいっている時）』があり，その例外の積み重ねにより解決に向かう」があります。また，「例外」には，例外を起こさせる行動があり，その行動を実現させるような「資源」があります。このアプローチは，対話の中で問題の「原因」を探り，それを取り除くことで問題を解決しようとする原因追究型のアプローチとは異なります。

### （2）対話でコーチが行うこと

　ここでは，コーチが具体的に行うこととして，以下の四つについて説明します。

　これらは，①〜④の順番に行うわけではなく，実行機能コーチングを実施する間，さまざまな場面で活用されます。ただ，「この段階では，これがよく使われる」という傾向があります。その具体（質問のバリエーション）については後述の発問例（71〜81ページ）を参照いただくとして，ここでは「何のために，どんなことをするのか」という基本を押さえてください。

第2章　コーチングを始める前の準備

## コーチが行うこと①　問いかけ

　コーチングでは，対象者に問いかけることで，対象者自身が考え，気づき，自ら行動を起こしていくようにします。その問いかけの内容は，大きく分けて三つあります。

### ①　目標の言語化を助ける問いかけ（例）

　例えば，「今日は，このような困難さがどうなるとよいなと思って来たのですか？」というように，対象者が目標とする自分像を具体的に言葉にしていくような問いかけをします。

　その際，「どうなりたいかを決めるのは対象者自身であり，対象者が自分自身を一番よく知っている」ということが基本的な考え方となります。

「3カ月後，どんな自分になっていたいですか？」

### ②　自分の状況を理解するのを助ける問いかけ（例）

・「問題や状況が最悪だった時を0，解決した状態を10とすると，いまはどのくらいですか？」
・「どんなことから，（その数字）だと思うのですか？」
・「どのようにして，（その数字）まで来たのですか？」
・「その数字が1上がった時には，どんなことが違っているでしょう？」

「その数字を0.5上げるとすると，どんなことができるでしょう？」

③　例外（うまくいっている時）を引き出す問いかけ（例）
・「ほんの少しでもうまくいったという経験に近いこととして，最近どのようなことがありましたか？」
・「もしもなりたい自分になっていたとしたら，まずどんなことをしますか？」

## コーチが行うこと②　励まし

　励ましの言葉は，対象者の前向きな変化を後押しします。無理に励まそうとしなくても，対象者に並走していると自ずと言葉が出てくるものです。治療や指導の関係より，自然と出てきやすいと思います。私はこれをコーチングの利点の一つと考えています。ただ，コーチングを始めた当初は余裕もなく，すぐに言葉にできずにいた私の経験から，励ますきっかけとなる内容をいくつかあげます。

① うまくいっていること

　実際に取り組んでいることがうまくいくほど励みになることはありません。ADHDのある人は，うまくいっていることであっても，「でも……はダメだから」と否定的になってしまうことがたびたびあります。コーチは対象者がうまくいっていることを共に喜び，それまでの努力や行動を労います。

② 大事に思っていること

　対象者の価値観は年齢により異なります。中学生であれば，大切にしているものは，友人かもしれませんし，がんばったごほうびのスニーカーかもしれませ

ん。対象者が大切に思っていること・ものに共感的な言葉をかけることで，やる気が高まることがあります。

### ③ 努力していること

たとえ思うような行動がとれなかったとしても，これまで行動を起こせなかった人が動いたことは称賛に値します。特に，ADHDのない人にとってはなんでもないことが，ADHDがある人にとっては多大な困難を伴うということを念頭におき，うまくいく・いかないではなく，そこにいたった過程を労う姿勢が大切です。

### ④ 工夫していること

対象者が試行錯誤している様子やその過程を励ますことで，挑戦する意欲が高まります。工夫することによって，自分に合うやり方・合わないやり方がみえてきます。工夫してうまくいったやり方は，対象者の重要な「資源（役に立つこと）」として記録しておきましょう。

### ⑤ 長 所

ADHDのある人は，自分の短所はすぐに思いついても長所は出てこないことが多々あります。ADHDのある人には，エネルギッシュでアイデアが豊富である，だれとでも仲よくなれる，つき合っていて楽しい，好奇心旺盛，細かいことを気にせずおおらか等々，多くの長所があります。本人が気づいていない長所をコーチが指摘しほめることは，まさに対象者の励みになります。

### ⑥ 強 み

長所と重なりますが，漢字が苦手でも数学が得意，手先が不器用でも走るのが速くすばしっこい，話にまとまりがなくても次々に論文が書ける等，能力の凹があっても凸が強みとなることがあります。また，家族やパートナーが理解のある人である，上司や同僚が協力的である等，ソフトな資源に恵まれていることも強みとなります。金銭的に余裕がある等，ハードな資源も同様です。

こうした励ましを，コーチング全体を通じて頻繁に行うのとそうでないのとでは，問いかけに対する対象者の応答が違ってきます。どのステップにおいても対象者を応援する声かけを心がけてください。これらのことをコーチが心の中で確認するだけではなく，その都度，言葉にして対象者に伝えてください。そして，後述する「Step1」の「役に立つこと」（68ページ）に書きたしましょう。

## コーチが行うこと③　提案

コーチングでは，指示や指導の形式ではなく，「提案」という形をとります。そうすることで，対象者がその行動を選択するかどうか，自分の意志で決めることができます。提案の内容はおもに三つです。

・「うまくいっていることや役に立っていることを続けましょう」
・「計画した行動がどう役に立ったか，何がよかったか観察しましょう」
・「(対象者が忘れている，思いついていない対処方法) が役立つ場合がありますが，やってみませんか？」

## コーチが行うこと④　フィードバック

対象者の取り組みを簡潔にまとめます。その際，評価と，今後への助言を端的に伝えましょう。正の評価は前出の「励まし」を参考にしてください。大切なのは，対象者にとって今後の資源となる内容を伝えることです。

### Point　基本姿勢は対象者の話を聴くこと

コーチングでは，対話を重視し，なかでも「問いかけ」がキーとなります。しかしこれは，対象者を質問攻めにすることを意味しているわけではありません。問いかけたら，その後に返ってくる対象者の言葉をよく聴くことが大切です。

話の聴き方と，問いかけの双方において大切なのは，対象者が用いた言葉です。問いかけや，対象者の言葉を呼応すること（リフレクション）によって，対象者の考え方の枠組みの中で，無理なく話を進めることができます。

本書で繰り返し述べているように，ADHDのある人へのコーチングは，本人がどうしたいか，本人がどのような価値観をもっているか，本人がものごとをどうとらえているか，というように「本人」が主体であることが重要なのです。したがって，対象者を説得したり，コーチが方向性を決めてしまったり，一般的な価値観に基づいて話を進めるようなことはしません。これらは援助者側が，一方的に話をする場合に起こりやすいことです。コーチの側の積極的に聴く姿勢は，このような状況が生じるのを防ぐことになります。

## (3) コーチがADHDの症状に対して特に気をつけること

ADHDの代表的な行動傾向とそれに呼応するコーチの援助内容は，以下のようになっています。

| ADHDの行動傾向 | コーチの援助内容 |
|---|---|
| 衝動的に行動を起こす。 | 思いつきの行動による結果をよく考えてみる。 |
| やみくもに行動する。 | 目標設定と優先づけを促す質問をする。 |
| やる気が続かない，すぐに飽きる。 | 目標を維持できるような言葉をかける。 |
| 目標を決めたのはいいが，圧倒されて行動に移せない。 | 目標達成のためのステップを細分化する。 |
| 脇道にそれる。 | 目の前にある課題に注意が向くよう，言葉をかける。 |
| 取り組みの最中に息切れし，不安になる。投げやりになる。 | タイムラインをはっきりさせ，それを維持できるよう援助する。 |
| 予定どおりにものごとが仕上がらない。 | 常に時間の経過を追うようにする。 |
| 目先のことに流される。気が散る。 | 集中力を保つよう励ます。 |
| 考えているうちに行動できなくなる。先送り。 | 思考から離れるようにする。 |
| 気が短く，怒りっぽい。 | 感情をうっかり漏らさないように注意を喚起する。 |

**図4** ADHDの代表的な行動傾向とコーチの援助内容

Ratey,A.N.（2008）The disorganized-coaching-Your ADHD Brain to Take Control YourTme, Tasks&Talents を参考に作成

## (4) ADHDのタイプ別，コーチングの所要時間の傾向と配慮点

　次章（60ページ）に，コーチングのステップごとのおおよその所要時間を掲載しました（Step1：準備40分，Step2：面接・報告60分，Step3：振り返り40分）。しかし，この枠でやらなくてはならないということではありません。適した時間は，ADHDのある人の症状によって異なります。下表を参考に個々の対象者に合わせることが大切です。

　コーチング中，少し説明を進めたところで，「このペースはどうですか？」などと確認し，対象者の状態に合わせて時間を調整してください。

**表4** ADHDのタイプ別，コーチングの所要時間の傾向と配慮点

| ADHDのタイプ | 傾向と配慮点 |
| --- | --- |
| ADHD 不注意タイプ | スローペースな人の場合，所要時間を多く見積もっておいてください。注意が途中でそれる場合，こまめに呼称するなど注意喚起を行いましょう。 |
| ADHD 多動・衝動タイプ（混合） | 途中で飽きる場合，見通しがもてる声かけをしてください（資料を示し，「あと2ページですよ」など）。貧乏ゆすりやソワソワなど一見イライラしている様子は心配せず，見通しをもたせつつ，「わかりにくいところはないですか？」など，理解していることを確認しながら進めてください。知的能力が高い人の場合，資料に先に目を通してもらって，確認作業はテンポよく行うとよいでしょう。 |
| LD 併存タイプ | コーチングでは，「読み」「書き」に関して，特に配慮が必要です。本書の資料は，一緒に確認しながら進めてください。また，本人が書く作業については，コーチが代筆してもかまいません。本人に書く意欲がある場合でも，ていねいさや正確さを求める必要はないので，所要時間を目安に無理なく進めてください。 |
| ASD 併存タイプ | 共感性をもった会話や対話による心的交流が苦手な場合，単純・明快・端的に進めると効果的です。相手の反応の乏しさや，喜怒哀楽の少なさに対してはフラットに接することで，対象者に不必要な負担が減ります。本書では手続きをシンプルにしています。資料に忠実に，視覚的な情報を提示しながら簡潔に進めていくとよいでしょう。 |

# 第3章 コーチングの進め方

# 1 コーチングの行程

### (1) コーチングのおおまかな行程

コーチングの行程は，Step1「準備」→ Step2「面接・報告」→ Step3「振り返り」と進め，Step1から3カ月後に「評価」を行います。Step1は基本的に初めの1回のみですが，各シートはコーチングを進める過程で書き加えたり，見返したりします。その後は，Step2を一通り行い，Step3で前回の取り組みの振り返りと，次回に向けた行動計画の見直しを主に行います。その後は，Step3を繰り返し行います。

### (2) コーチングの一連の流れ

導入から終了までの一連の流れを紹介します。コーチングの期間は3カ月を目安としています。なお，所要時間は一応の目安です。対象者によって調整してください（58ページ参照）。

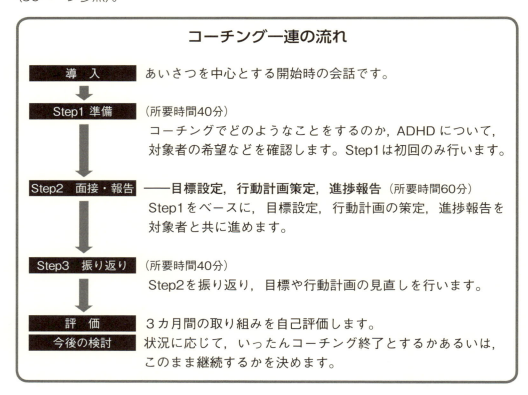

## (3) コーチングの対面モデル

3ヵ月をワンクールとしたときの対面モデルを，3パターン紹介します。

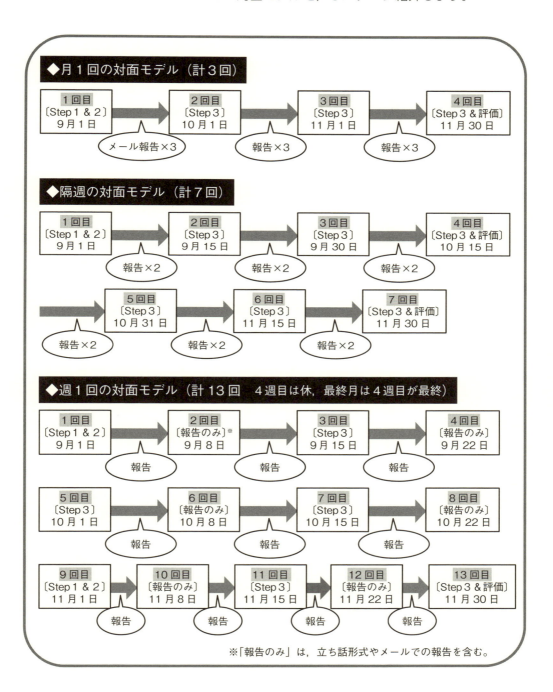

## ❷ コーチングの導入

　対象者との出会いは，あなたが所属する組織や状況によって異なります。例えば，あなたがクリニックに勤務する心理士であれば，ADHDの診断をした医師から紹介されるといったことが考えられます。また，学校では，コーディネーターや担任の教員から，通級指導教室の教員へ，という流れがあります。

　いずれの導入形態にしても，コーチングを始めるときには，あなたが所属する組織が，初めて会う人に対して行うこと（例えば，初回インテーク面接のフォーマットに従うなど）が決まっている場合が多いでしょう。

　そこで，導入段階でコーチが知っておきたいことの一つが，対象者がどのような経緯を経て，あなたにつながることになったか，ということです。

### (1) パターン1：コーチングのことを知っている人からの紹介

　もしも，紹介者の医師がコーチングを知っていて，患者に「コーチングが君に役立つと思うよ」と言っていたら，その対象者は多少の予測と期待をもって，あなたに会いに来ると思います。

　とりわけ，ADHDについて詳しく説明してくれた医師が，「あなたの役に立つ」などと言った場合には，対象者の動機づけは高まり，「とりあえず一度は会ってみよう」という気になっていることが予想されます。その後のコーチングへの移行もスムーズに行われると思います。

### (2) パターン2：コーチングのことを知らない人からの紹介

　一方で，コーチングが何かを知らない人から紹介されてくる場合も多々あると思います。その場合は，紹介してくれる人に，コーチングの概要（パンフレットなど）を渡しておくとよいでしょう。

　単に「話を聴いてもらって，一緒に考えてくれる人がいるよ」と紹介される場合もあると思います。そのような場合には，対象者がどのような予測や期待をもってあなたに会いに来ているのか，事前に把握しておく必要があります。

## ❸ コーチングのシートと各 Step の手順

コーチングの行程にそって，使用するシートと使用手順を解説します。各シートはコピーして使用できるよう資料編（109〜119ページ）に掲出しています。

### Step1　準 備

Step1のタイトルは「準備」ですが，コーチが一人で事前準備をするというものではありません。対象となるADHDのある人を相手として必ず実施してください。

### Step1-(1)　コーチングの流れを説明する

コーチングで何をするのか，対象者に順を追って説明します。

---

**あなたのコーチングの行程**　　　記入見本

**Step 1　準備（本日：初回）**
- ☑ コーチングの流れ（行程）の説明。
- ☑ コーチングでできることを知る。
- ☑ ADHD について知る。
- ☑ あなたの希望や大切にしていることを書き出す。
- ☐ 自分の生活への ADHD の影響を知る。
- ☐ あなたを助けてくれる資源（役に立つこと）を知る。

**Step2　面接・報告**
- ☐ 目標を立てる・確認する。
- ☐ 過去・現在の状態を分析する。
- ☐ 具体的な行動計画を立てる。
- ☐ コーチと連絡を取るタイミングを決める。
- ☐ コーチングの目標・行動計画・連絡方法を記入した約束シートを完成させる。
- ☐ 約束シートを実行する。
- ☐ コーチと連絡を取り合う。

**Step3　振り返り**
- ☐ 前回のコーチングを振り返る。
- ☐ Step2 の目標や行動計画を見直す。

**評価，今後の検討**
- ☐ 3カ月間の取り組みを評価する。
- ☐ コーチングの終了・継続を決める。

（吹き出し）説明し終えたものはシートの項目にチェック☑を入れていく。

（吹き出し）コーチングのこれからの行程，つまり目次のようなものです。ADHD のある人は時間感覚が適切にもてないことが多いので，今日のこと，これからのことと，先の見通しを明示しましょう。

（吹き出し）日程や頻度は話し合いで決めます。この時点では，「あとで決めていきましょう」とします。

（吹き出し）Step 3 を繰り返して目標達成をめざす

## Step1-(2) コーチングでできることを提示する

　コーチングによって，対象者の生活上に変化する可能性があることについて，具体的に説明してください。同時に，できないことや変化しないことも明示することで，コーチと対象者のゴールの齟齬が生じることを防ぎます。

※前ページの「あなたのコーチングの行程」を含め，本章で紹介するシートは，コーチングで実際に使用できるものです。巻末の資料編（109～119ページ）に，コピーし使えるよう再掲しています。コピー一式を，冊子として対象者に手渡しましょう。対象者は面談のたびにこの冊子を持参するようにします。

### コーチングの確認事項　　記入見本

以下の内容を確認して，□欄にチェック☑を入れてください。

- ☑ 私の生活の改善に取り組んでいきます。
- ☑ 私は自分の生活をよりよくしていく意欲があります。
- ☑ コーチングは「能力があってもできない」方の特徴を補うためのものです。
- ☑ トレーニングや訓練で向上させるものではありません。
- □ 心の問題を深く取り上げるアプローチではありません。
- □ 私はコーチングが自分の方向性と合っていると思います。
- □ 私はコーチとの協力関係を大事にします。
- □ コーチングは，直接対面やメール・電話などでのやり取りも行います。
- □ コーチングを始めるタイミングとして，現在の状況は悪くありません。
（クラス替え直前，担任が変わった等の大きな環境の変化はない）
- □ 対面式コーチングでは以下の物を持参します。
  ○コーチングファイル（※本冊子）
  ○時計（時間を意識しながらコーチングに臨みます）
  ○筆記用具（行動計画を書く，書類にサインするなど多用します）
  ○ケース（持ち物を入れるケースです）

## Step1-(3) 心理教育を提供する

対象者に，ADHDの原因とポイントを簡潔に伝えます。

### 困難の原因

詳細は不明です。脳の前頭葉の一部の前頭前野が関連する実行機能（自分の注意や行動をコントロールする働き）や，神経伝達物質（脳内の神経細胞の間で情報をやりとりする物質）の働きに障害が起きているという説が現在有力視されています。

前頭前野

本人の努力不足や家族のせいではありません。

特性を正しく把握し，適切に対応することで，生活を改善することができるといわれています。

## Step1-(4) 希望や大切にしていることを確かめる

対象者本人の価値観を確認します。これは行動計画を立てる際の参考にもなります。

---

### あなたの希望・大切なこと　　　　記入見本

あなたの希望や大切にしていることは何ですか？

① あなたが好きなことは何ですか？
**音楽鑑賞**

② あなたが得意なことは何ですか？
**人を笑わせること**

③ あなたが好きなことは何ですか？
**スポーツ**

④ あなたがいま熱中していること，はまっていることやものはなんですか？
**靴のコレクション**

〔参考〕下記の項目について，あなたの関心の度合い（低い～高い）に印をつけて，点を線で結び，自分がいま何を大切にしているか確認してみましょう。
※注：他者の期待ではなく，自分の希望を書きましょう。

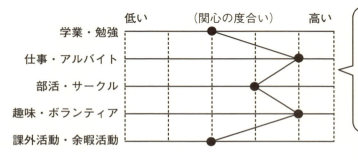

年齢や環境によって対象者の希望，夢，大事なことは異なります。該当する項目のみ参考にしてください。

## Step1-(5) 自分の生活へのADHDの影響を確認する

　ADHD症状が日常生活上の困難さに影響を及ぼす可能性の高い10の領域を選びました。ADHDのある人自身が感じている問題の困難の程度を，コーチと対象者の双方が確認できるツールです。コーチングで取り組む内容の参考にもなります。困難の程度が高い領域は，コーチング初期の段階に取り入れるのは避けましょう。

### 私の日常生活上の困難領域　[記入見本]

困難の度合い（低い～高い）に印をつけましょう。点を線で結んで，とりわけむずかしいことから，苦手の程度が比較的低いことまで，あなたの困難な領域を確認しましょう。

| 領域 | 低い側 | | 高い側 |
|---|---|---|---|
| スケジュール管理 | 簡単 | | むずかしい |
| やるべきことの先送り | しない | | よくする |
| 取りかかり | 早い | | 遅い |
| 課題の完遂 | できる | | 苦手 |
| ケアレスミス | しない | | よくする |
| もの忘れ | しない | | よくする |
| なくし物 | しない | | よくする |
| 整理整頓 | できる | | 苦手 |
| 金銭感覚 | できる | | 苦手 |
| 身の回りの物の管理 | できる | | 苦手 |

> 印が右側にあるほど，対象者が困っている部分です。

## Step1-(6) 資源を活用する

　対象者が行ったことのあることで役に立ったことを書き出します。失敗の繰り返しが多く思い浮かばない，記憶の問題があり思い出せないといった場合もあるでしょう。しかし多くの場合は，これまでこの視点をもっていなかった，もっていたとしても実際に役立てられなかった，といったことを背景に，悪循環を断ち切れずにいます。このパートはADHDのある人にとって特に重要です。コーチング実施後，発見したことがあれば，折にふれて書きたしましょう。また，中高生（大学生）の場合，保護者や担任から聞き取りを行える環境にあれば，聞いておいてください。その内容について，「耳栓が役立つって聞いたけど，あなたにとってどう？」などと本人に確かめましょう。

---

> 記入例を参考にして，対象者に書き出すよう促しましょう。

### 役に立つこと　　　　　　　【記入見本】

あなたの資源（助け・役立つこと）になることを，下線部に記入しましょう。

1. 私が集中しやすい場所は，__リビングの親の側__ です。
2. 私は，音や視界，その他の感覚をコントロールすると集中しやすくなります。具体的には __耳栓__ です（記入例：イヤホンをする，音楽を聞く，照明を暗くする，狭い部屋にこもる，シャワーを浴びる，図書館に行く，机の上を空にする，温度調整，肌のかゆみ止めをぬる）。
3. 私が集中しやすい時間帯は，__深夜__ です。
4. 私の注意が持続する時間は，__およそ12__ 分です。
5. 私の助けになってくれる人は，__お姉さん__ です。
6. ものごとに取り組んだ後のごほうびは，__靴カタログ__ があると効果的です。
7. 私は課題に取り組もうとするときに，__親からの声かけ__ でうまく行ったことがあります。
8. 私のストレス解消法は，__音楽鑑賞__ です。
9. 私が予定を組むとき，__その日のやることリストを作る__ とうまく行くことがあります。
10. その他，私の役に立つことは，__スマホのアラーム__ です。

## Step2　面接・報告

### (1) Step2のおおまかな流れ

ここでは,「目標設定→自己分析→行動計画の策定→報告」の流れを対話の中で展開し,シートに記入するというのが大まかな流れです。このステップは,コーチングを実施するうえで核となる部分ですが,Step1～Step3を省略することなく,全体をひとまとまりとしてとらえてください。

ここではStep2を分割して説明します。

> **Step 2 の流れ**
> (1) コーチングの目標を立てる
> (2) いまの状態を検討する
> (3) 具体的な行動計画を立てる
> (4) 進捗報告のタイミングを決める
> (5) コーチとの「約束シート」を完成させる
> (6) 進捗状況を確認する

行程としては6段階ありますが,最終的には1枚のシートが出来上がることになります。このように書くと大変そうに感じるかもしれませんが,実際にやることは,「なりたい自分に向けて,いまできることを話し合うこと」です。

慣れないうちは,シートにそって会話を進めるとよいでしょう。慣れてくると,自然な会話の中で,現在の状態や,やってみたい行動が出てきます。それを忘れないように,このシートにメモするといった流れになってきます。

### (2) 「コーチング・サポートメモ」への記入

はじめに,次ページのシート「コーチング・サポートメモ」をご覧ください。これは,対象者の目標や,それに向けた行動を考える,気づく,思い出す等のきっかけとなるものです。79ページのコーチとの「約束シート」にまとめる前の,メモのような役割を果たします。この段階では対象者が,自由に記入していくのを励まします。

# コーチング・サポートメモ  記入見本

## I あなたのやりたいこと・希望・夢・目標など

① やりたいなと思うことは何ですか？ こうだといいなと思うことを書いてみましょう。
**英語の課題を提出できるようにしたい。**

② やりたいことについて，いまはどうですか？
**はじめはまだいいけれど，だんだんやらなくなってしまう。**

## II 問題になることはなんでしょう

実際にやってみる時に問題になりそうなことはありますか？ ☑をつけましょう。

- ☐ 問題はない
- ☐ 忘れる
- ☑ やる気が続かない
- ☐ 気が散る
- ☐ つまらない
- ☐ 楽しくない
- ☐ 間に合わない
- ☑ 完璧をめざしてしまう
- ☐ やみくもに動いてしまう
- ☐ 衝動的に動いてしまう
- ☐ 我慢できない
- ☑ 予定が狂う・後回しにしてしまう
- ☐ 目先のことに流される
- ☐ 短気・怒りっぽい
- ☐ その他

## III 実際にやれそうなことはなんでしょう

① やりたいことのために具体的には何ができそうですか？ もう少しがんばればできそうなことは何ですか？ こうすればできそうだ！ということはありますか？「役に立つこと」シートを見返してみましょう。

**授業後に先生と話す。**
**地元の図書館で勉強する。**

② 実際にやれそうなことをできるようにするために，コーチにお願いしたいことを書いてみましょう。

**計画がうまく進んでいるか，定期的に確認してほしい。**

## IV コーチへの連絡方法

「実際にやれそうなこと」の欄に記入したことが実際にできたかどうかをコーチに報告しましょう。いつ？ どうやって？ 報告しましょうか。

**コーチから金曜日の放課後にメールをもらい，それに返信する形で報告する。**

私は，20××年 **10**月 **9**日まで，このシートに書いたことに取り組みます。

| あなたの名前： | 山田　太郎 | 20××年　9月　9日 |
|---|---|---|
| コーチの名前： | 安藤　瑞穂 | 20××年　9月　9日 |

ここからは，シート「コーチング・サポートメモ」の一部に焦点を当てて，一つずつ内容について説明するとともに，コーチの発問例を具体的に紹介します。

※コーチの発問例の箇所には，右のマークを入れています。

## Step2-(1) コーチングの目標を立てる
──「Ⅰ あなたのやりたいこと・希望・夢・目標など」

① 目標設定への導入

「コーチングの目標を立てる」の段階は，「Step1からの続き」か「一区切り後に改めて目標を立て直す」という二つの状況のうちのどちらかとなります。ここでは，初めての場面を想定し，Step1からの流れを受けた例を示します。

「ここまでADHDのことやコーチングのことを説明してきましたが，ここからは○○さんがより楽しく生活を送れるように，少し具体的に話を進めましょう。○○さんが，『こうしたいな』とか，『こうなったらもっといいな』ということをまずは聞いてから，それができるようにサポートします」

② 取り組む内容の話し合い

このパートでは，対象者がコーチングで取り組む内容を話し合います。この前にADHD特性を中心とした話をしているので，それを踏まえた展開になることが想定されますが，内容は夢や希望を含めた目標なので，対象者の自由な発想を大切にします。

「これをやり遂げてみたいな，ということはあるかな？」
「これができるといいな，といった希望はありますか？」
「こうなりたいな，ということはありますか？」

以下の発問のように，夢や希望，目標を直接的に尋ねるのではなく，通常の会話の導入に聞くような内容から，対象者の目標設定に結びつく対話に展開していくやり方もあります。むしろ，こちらのほうが実際の生活を反映した内容になるでしょう。

「最近はどんなことがはやっているの？」
「友達とはどんなことをして遊んでいるの？」
「最近はどんなことをがんばっているの？」「部活がんばってる？」
「宿題は順調かな？」

> **Point** 対象者が返事につまったら

　対象者から，「ない」「わからない」などの答えが返ってくることもあるでしょう。時間が必要な場合もありますし，「どうせ叶わない」「恥ずかしい」といった感情が背景にある場合や，「ほんとうにわからない」こともありえます。その場合は，ひとまず置いておいて，趣味や流行，がんばっていること，楽しいこと，好きなことなどを話題にしてみてください。

　また，56ページの「基本姿勢は対象者の話を聴くこと」も参考にしてください。コーチが対象者のことをよく理解して，できる限りのサポートをしたいと考えていることが伝わると，さまざまなことを話してくれるようになります。その中から，目標となりそうなことが引き出されてくるでしょう。

　もしそうならなくても問題はありません。この回はお互いをよく知る機会とし，次回にまた話し合ってみてください。また，症状によっては考えているうちに忘れる，ほかのことに気をとられるといったことも十分ありえます。そのようなときは，コーチのほうから具体的な内容がイメージしやすくなるような問いかけをしてみるとよいでしょう。

### ③　いまの状況の分析（現状分析）

　現状分析のパートでは，さきほど話し合った目標について，「いまはどうか」を検討します。目標設定の段階が「これから（将来）」としたら，現状分析は「いま」が中心となります。目標や方向性がみえてきた段階を想定し，現状分析を深める質問例を示します。

　「○さんは，遅刻や忘れ物を減らしたいと思っているのですね。最近の状況はどうですか？」
　「やりたいことについて，いまはどうですか？」
　「いまのところ，どんなことができていますか？」
　「○○についてどんな段階ですか？　あと一歩で達成できそうか，そこそこのところか，それともまったくうまくいっていないのか」
　「目標にあと一歩を10，まだ遠く及ばないを0とすると，いまはいくつですか？」

### ④　分析を深める

　次は分析を深めていく段階です。そもそも対象者は，このような流れで自分について考えた経験がないことが多いと想定されます。また，自分の行動がうまくいってい

ない場合，考えることをこれまで避けてきたというケースもあります。
　この段階では，コーチが共に考えてくれる安心感から，これまで思い浮かばなかったようなことや，思いついただけで実行しなかったことなどが出てくると同時に，対象者の資源（役立つ情報）がより具体的になってきます。コーチはこれらの情報を押さえておくようにしてください。

「最近の状況について，もう少し詳しく教えてください」
「十中八九うまくいかなかったとのことですが，うまくいった1はどんな状況だったのですか？」
「あと一歩とのことですが，その一歩は何だと思いますか？」

| Point | 現状分析をするときの注意点 |

「やってみたことはあるけれど，まったく歯が立たなかった」といった場合，コーチングを開始した段階で取り組む内容としては，ふさわしくないでしょう。この場合，目標が実現可能なものでない可能性がありますので，実現可能なものに目を向けるよう促します。

## Step2-(2)　いまの状態を検討する──「Ⅱ　問題になることはなんでしょう」

### ① 問題を明らかにする

　目標達成に向けての支障となるADHD特性が何かを考えます。ここでの目的は，問題点を考えることによって，次に具体的な行動計画を立てるために役立てていくことです。

　ここであげたリスト内容は，問題点を直すためにチェックするものではなく，あくまでも次につなげる材料です。例えば，「やる気が続かない」の項目にチェックが入っている場合，その背景を聞くと，「毎日が忙しすぎて○○（目標）のことを考えている余裕がない」
　⇒　忙しいのは時間管理がうまくいっていないから。
　⇒　時間管理についての行動計画を立てていく。
といった流れです。

　例えば，項目の「気が散る」にチェックが入っている場合，勉強机の上の物が気になるのか，他人の声が気になるのか，対象者によって理由は異なります。それらを明らかにすることで，次にどんな行動を起こせばいいか，に結びついていきます。

「目標達成に向けて,どんなことが問題となってきそうですか?」
「やりたいことを進めていくのに,こんなところがあってうまくいかなそう,ということがありますか?」
「チェックした内容を,詳しく教えてくれますか?」
「チェックした内容で,実際にはどんなことが起こったのですか?」

② 問題への対処方法を考える

「問題点について,こういうサポートがあるといいな,ということはありますか?」
「問題点について,こうしたらうまくいったことが(わずかだけれど)あった,ということがありますか?」
「"忘れる"という部分について,忘れないために工夫してみたことはありますか?」
「この問題について,実行したかは別にして,こうするとよさそう,と思ったことはありますか?」

## Step2-(3) 具体的な行動計画を立てる
── 「Ⅲ 実際にやれそうなことはなんでしょう」

① 行動計画への導入

このパートでは,立てた目標について,具体的な行動に落とし込んでいきます。ADHDのある人は,アイデアが豊富だけれど実行できない,間違えを繰り返す,修正しようとしても忘れる,その場しのぎでやり過ごす,といった傾向がみられます。

コーチングでは,これまでに過ぎ去ってしまったことを,一度立ち止まって考え,行動に移していけるよう対象者に併走します。行うことは,対象者が実際に明日からやることを一緒に探していくことです。

「これまで実際に,何かやってみたことはありますか?」
「もう少しがんばればできそう,ということは何ですか?」
「今日から絶対やろう! と思えることがありますか?」
「3カ月後の目標に近づくために,この1カ月で何をやりますか?」
「やりたいことのために,具体的には何ができそうですか?」
「これをやれば自分の理想に近づく,ということがありますか?」

> **Point** 実際にやる行動が見つからないとき

行動計画が見つからない場合，78ページの「目標設定と行動計画のヒント」を参考にしてください。目標設定は長期，行動計画は短期と考えるとやりやすいでしょう。例えば，3カ月後の目標をSMARTゴール（説明後述）にそって検討し，目標に向けてこれから1週間でやること（行動計画）をSMARTゴールの要素をヒントに書き出すのです。いくつか例をあげます。

〔例1〕理想：授業の教室移動での忘れ物をなくす。
　　　　→行動計画：教室移動の持ち物のリストを今夜中に書き出す。

〔例2〕希望：友人との約束に遅刻せず待ち合わせ場所に行きたい。
　　　　→行動計画1：約束の前日に，移動にかかる時間，出発する時間を調べたメモを財布に入れておく。
　　　　→行動計画2：家を出る時間にアラームが鳴るようにセットする。
　　　　→行動計画3：今日帰宅したら約束の前日にやることをカレンダーに書いておく。

〔例3〕目標：レポート課題を期限内に提出する。
　　　　→行動計画1：提出日を予定帳に書き込む。
　　　　→行動計画2：課題に取りかかるタイミングを友達と合わせて，友達に声をかけてくれるようにお願いする。

## ② 計画の実行性を高める

具体的な行動が上がったら，実際にやれるようにするにはどうしたらよいかを検討します。Step1の「役に立つこと」（68ページ）を見返すとヒントになります。

「ここにあげたことを実際に行動に移すために，コーチにお願いしたいことはありますか？」
「これを実行しやすくするのに役に立つことはありますか？」
「こんなサポートがあった時にうまくいった，ということがありますか？」
「計画がうまいぐあいに進んだとき，何か自分へごほうびをあげるとしたら？」

# Step2-(4) 進捗報告のタイミングを決める
## ──Ⅳ コーチへの連絡方法

### ① 報告の方法を決める

　ADHDのある人は，やるべきことの先送りやプランニングの問題，目先の快に流されるといった特性上，進捗状況の報告（1回の報告）は短時間・高頻度で行うことが，よりよい結果に結びつきます。

　方法は，テキストメッセージやメール形式を中心として，チャットなどインターネット技術を使用する，学校であれば放課後コーチに会いに行き，報告する（5分間），などが考えられます。もちろん，電話も有効な手段となります。

　報告の内容は，「順調です」「ほぼうまく進んでいます」「忘れていました」「まだ手をつけていません」などと対象者から進捗報告を受けることが中心となります。

　　「次回会うまでの間に，どの程度取り組みに進展がみられたかを知らせてほしいのですが，どんな方法があなたにとってより効果的だと思いますか？」
　　「忘れてしまわないように，帰ったらすぐにとりあえずメールを送るという人もいます。あなたもそうしたいですか？」
　　「こちらからリマインダーを送ると，やりやすくなりますか？」

### ② 進捗状況を話し合う

　報告に関する話し合いでは，5W1Hを意識してください。これにより報告の確実性が高まるだけでなく，内容が主旨からはずれてしまうことを防げます。

　　「いつどんなタイミングで，どんな方法で報告したいですか？」
　　「メールで報告する場合，どんなタイミングで行うと計画を進めやすいですか？」
　　「報告する内容を具体的に言ってもらえますか？」

　ADHDのある人にとって，「あとでやろう」の「あと」は来ないことが多々あります。ですから，確実に報告がくるように，メールなど報告の段取りに一手間要する場合には，その場で設定しておいたほうがよいでしょう。

　また，報告の内容が，もしも「うまくいかない，どうしたらよいか……」など，長文でのやり取りが必要な内容に発展していく場合，必ずしもこの報告の場で解決する必要はありません。この場合，行動計画の見直しが必要なことが多いものです。次回

第3章　コーチングの進め方

の話し合いの場を早めに設ける，とりあえずこの計画については保留にしておき，その後話し合って修正したもので進める，というように進めることもできます。

## Step2-(5)　コーチとの「約束シート」を完成させる
### ① 約束シートに記入する

70ページの「コーチング・サポートメモ」をそのまま利用してもよいですが，対象者が自宅などで，取り組む内容をすぐに参照できるよう，ここまで話し合ってきたことを「約束シート」（79ページ）の形にまとめ直すとよいでしょう。その際には，「コーチング・サポートメモ」を見て，対象者とコーチが一緒に確認しながら記入します。

> **Point**　「約束シート」記入時の注意点
>
> 　内容を確認し，書面にコーチと対象者の双方がサインします。約束という形で取り組む意欲を高めます。ADHDのある人はこれまでの体験から，約束してうまくいった試しがない，約束しても守る自信がないなど，負の感情をもつ場合が少なからずあります。ここまでの対象者とのやり取りが，対象者主体の協働関係のもとで行われているので，必要以上に心配することはありませんが，「約束が守れなかったとしても，厳しく指導されたり，怒られたりすることはありませんよ」などのひとことや，コーチの側が粗いメモ書きやはみ出した矢印など，自由な雰囲気を醸成しておくと，対象者は安心するでしょう。
>
> 　約束シートの完成には，初めは予想以上の時間を要するかもしれませんが，書面を完璧に完成させることが目的ではないので，コーチが必要に応じて手助けするようにしてください。

### ② 約束シートをコピーする

「約束シート」は，対象者が自身の冊子に記入し，記入後，2部コピーをとっておきます。1部はコーチの記録用として残します。もう1部は，対象者の自宅掲示用です（例えばリビングの壁など，本人の目に入りやすいところに貼る）。

77

# 目標設定と行動計画のヒント

◆五つのSMART要素（○=OK：, ×=NG）　注：全部きっちりやろうとすると逆に進まなくなります。

1. ○具体的 (Specific)：5W（いつ・どこで・だれが・何を・なぜ）を示すことで，明確な目標につながる。⇔ ×抽象的
2. ○測定可能 (Measurable)：数字や場面を入れる。イメージを膨らませることで，行動計画を立てやすくする。⇔ ×測定不可能
3. ○アクションベース・行動 (Action)：実際的な行動であること。考え方や気持ちではない。⇔ ×思考・論理
4. ○実現可能 (Realistic)：現実的に達成できる可能性があるか。現実性のまったくないことは，目標にも行動にも結びつかない。⇔ ×実現性が低い
5. ○タイムラインの明示 (Time-line)：あいまいな時間軸は，忘れることにつながる。⇔ ×あいまいなタイムライン

◆目標設定の例

| SMART要素 | ○（よりよい生活につながりやすい） | ×（あなたの生活が変化しにくい） |
|---|---|---|
| 1：具体的 | 友人との待ち合わせで，約束の5分前に着いているようにしよう。 | 遅刻を減らしたい |
| 2：測定可能 | バスケの試合で，スタメン入りして4クオーター（途中下げられても）出場する。 | 将来，バスケの選手になるぞ！ |
| 3：アクションベース・行動 | 学校で必要なものを毎日持っていく。 | 忘れ物がなくなるといいなあ。 |
| 4：実現可能 | 明日から体重計測を始めてその記録をつけよう。 | 1カ月で体重を10kg減らしたい。 |
| 5：タイムラインの明示 | 今週中に，漢字検定の合格に必要な問題集をそろえよう。 | 明日から，漢字検定に合格するようがんばろう。 |

◆行動計画の例

| SMART要素 | ○（よりよい生活につながりやすい） | ×（あなたの生活が変化しにくい） |
|---|---|---|
| 1：具体的 | 来週の面接までに遅刻の原因を三つ書き出してみる。 | 遅刻しないようがんばる！ |
| 2：測定可能 | 次の練習で，どうすれば全クオーターに出られるか，コーチに聞く。 | うまくなるまで練習する。 |
| 3：アクションベース・行動 | ・持ち物のチェックリストを作る。<br>・「明日の準備」が終わったらお母さんに確認してもらう。 | 忘れないように覚えておきたい。 |
| 4：実現可能 | ・体脂肪も計測できる体重計を今週末に買う。<br>・今日，体重記録のアプリをダウンロードする。 | 今日から1カ月間，りんごを食べ続ける。 |
| 5：タイムラインの明示 | ・このあとの休み時間に，漢字検定に合格した友達に使った問題集を聞く。<br>・今日中に評価の高いレビューを探す。 | 将来的に中学生の漢字が書けるようになる。 |

# 第3章 コーチングの進め方

## 約束シート　　　　　　　　　　　記入見本

私は，この約束シートへの記入内容に取り組みます。

### 目標

● **今月の目標は，英語Ⅰのレポート課題を提出する。**

●

●

> 目標を三つ書き込めるような仕様ですが，一つから始めます。様子をみながら増やすことができます。

### 行動計画

あと少しのがんばりでできそうなこと・実現可能なことを書き出しましょう。
目標達成に向けて私が具体的にやることは，

● **この課題にどのくらい時間がかかるか調べる。**

● **課題をやる日を予定帳に書き込む。**

● **提出前に，下書きを先生にチェックしてもらえるか，先生に聞く。**

### 報告（方法と頻度）

● 行動計画の進捗を報告するため，私は **行動計画が一つ終わったら，それをコーチにメールで伝えます。**

● コーチへのお願い　**メール報告は，アドレス設定したり，面倒になってしまいそうなので，ぼくが返事を返すだけにしてください。**

　　　　　　　約束シートの有効期間　20××年　7月 23日まで
　　　署名（あなた）　**田中　太郎**　20××年　6月　19日
　　　署名（コーチ）　**安藤　瑞穂**　20××年　6月　19日

79

## Step2-(6) 進捗状況を確認する

### ① 進捗状況の報告

コーチへの報告により行動計画の進みぐあいを確認します。どのように確認するかなどの形式的なことは，前の段階の話し合いで決め，「コーチング・サポートメモ」や「約束シート」にすでに書いています。

「その後，行動計画の進みぐあいはいかがですか？」
「遅刻の原因が見つかりましたか？（行動計画の内容にそった質問）」

この確認の過程がコーチングの特徴の一つです。「報告を受ける，返信などを通じて報告に応える」この行程を高頻度に保つことで対象者との併走状態を築きます。

> **Point** 進捗状況の報告で気をつけること
>
> 報告作業によって，コーチが過度に負担を抱える状態にならないように気をつけてください。できる範囲でやることと，その範囲を事前に対象者に知らせておくことが大切です。この枠組みづくりがないと，コーチの側の心理的な負担が増してしまいます。

### ② 報告への応答

報告があったら，まずは報告行為そのものを労います。忘れる，面倒になるといった特性があるのに，新しい行動を起こせたことは称賛に値します。それをていねいに対象者に伝えることに意味があるのです。

進捗確認でコーチがすることは，リマインダー機能を果たすことのほかに，対象者の取り組みを労い，励ますことがあります。このようなコーチの姿勢が，対象者の前向きな取り組みに影響を及ぼします。うまくいっていないという報告は，本人の努力不足や能力の低さの現れということではなく，立てた行動計画のハードルが高すぎたという認識のもとで対応します。

「順調そうですね。引き続きがんばっていきましょう！」
「がんばっていますね。この調子で進めましょう」
「大変でしたね。心配せず，ほかの方法を一緒に考えていきましょう」
「うまくいっていないのですね。次回，行動計画を見直しましょう」
「ご報告ありがとう。この内容は今後の行動計画に役立ちそうですね」

## Step3　振り返り

　Step2の取り組みを振り返り，目標や行動計画の軌道修正をはかります。実際にやってみるとその場で「もっとよいやり方が見つかった」「これは自分にはやりづらかった」など，さまざまな変更が生じます。こうした試行錯誤は，ADHDとうまくつき合っていくうえでのヒントとなります。

### (1) 振り返りのタイミング

　Step1，Step2と進み，このStep3で短期的な振り返りと，目標や行動計画の更新を行い，その後はStep3を繰り返すことを基本とします。しかし，Step1やStep2に戻ってはいけないということではありません。もう一度じっくり現状分析を行いたい，進捗報告のタイミングを見直したい等，必要に応じてStep2を参照してください。
〔振り返りの質問例〕「うまくいったところや，次回はもっとこうしたほうがいいということは何ですか？」「実際にやってみて，自分に合っているなと思ったこと，合わないなと思ったことはありましたか？」「今回学んだことはありますか？」「初めに立てた行動計画は，予定どおり進みましたか？」

### (2) フィードバックの方法

　対象者の取り組みについて，コーチからフィードバックします。内容は，よかった・よくなかったと評価するよりも，対象者が行ってきたことと，その結果起こったことをコーチが簡潔にまとめましょう。コーチのまとめた内容が，よい結果を伴うものであれば，対象者は次ページの「コーチング・振り返りシート」の「うまくいったやり方」に加えます。これは，コーチの行うことの「励まし」と重なります。また，よい結果を伴うものでなければ，「うまくいかなかったやり方」に加えます。
〔フィードバックの例〕「今回の行動計画は，お気に入りの腕時計を手に入れて，外出時に身につけるということでした。その結果，スマホを探すうちに忘れてしまうことがなくなり，スムーズに時間確認ができるようになりました」「今回，部屋全体の整理整頓をするという計画を立てましたが，実行できませんでした。部屋全体というと圧倒され，何から手をつけてよいか困ってしまいましたね。次回，行動計画を立てるときは，比較的整っている勉強机の整理整頓など，範囲を狭くするとよさそうですね」

# コーチング・振り返りシート　　記入見本

◆自分の取り組みを振り返り，記入しましょう。

☆「うまくいったやり方や，好きなやり方，自分にあったやり方」
　大きな目標を達成するまでの期間を短く設定する。
　自分のペースで課題を進める。

※シート「役に立つこと」に書きたしましょう。

☆「うまくいかなかったやり方や，自分には合わなかったやり方」
　友達と協力しながら課題を進める。

◆自分の取り組みがどうだったか，コーチに聞いてみましょう。

> 対象者の取り組みを簡潔にまとめ，フィードバックと，今後への助言をひとこと伝えましょう。

◆目標と行動計画を見直しましょう。

| 目標 | 英語の課題を提出する。 |
|---|---|
| 行動計画 | 授業後に，課題について先生と話し合う。週末に地元の図書館で課題をやる。 |

> ・前に立てた目標は自分に合っていましたか？
> （Yes⇒前のページをそのまま書き写しましょう）
> （No⇒SMARTゴールを参考にして書き直しましょう）
> ・行動計画を，上に書いた目標に合わせて書いてみましょう。
> ・報告の仕方はこれまでどおりでよいか確認しましょう。

あなたの名前：山田　太郎　　20××年　11月　20日
コーチの名前：安藤　瑞穂　　20××年　11月　20日

## ❹ コーチングの評価と今後

**評価および終了・継続の目安**

① コーチングの評価（開始から３カ月後）

　コーチングのひとまとまりは概ね３カ月です。３カ月取り組みが続くと生活に何らかの変化がみられることから，この期間を一応の区切りとします。３カ月目のStep3を行うタイミングで，「コーチング・評価表」に記入し（次ページ参照），コーチングが生活にどのような変化をもたらしたか，コーチングというやり方が合っているか確認します。

② 終了のタイミング

　３カ月を目途に，その後の３カ月も続けたいか，ここで終了にするかを話し合います。終了にする場合には，本人の希望があればコーチングを再開できることなど，その後の見通しを伝えます。

③ ３カ月後の評価以降も継続する場合

　Step1から再スタートするとよいでしょう。初めてのときと，本人の受け止め方が変化し，さらに自己理解が深まっていると思います。また，新しく発見した「資源」が書き加えられるなど，更新されたシートの中身を改めて確認するよい機会となります。

# コーチング・評価表　　記入見本

3カ月間の取り組みを振り返ってみましょう。

- ☐ これまでの自分と比べて，この3カ月で何か変化したことはありますか？
- ☐ この3カ月で新しい発見がありましたか？
- ☐ もっとこうすればよかったと思うことはありますか？
- ☐ 下のグラフの困難の度合い（低い～高い）に点印をつけ，線で結びましょう。
  そして，「私の日常生活上の困難領域」のシートと比べてみましょう。
  どんな変化がありましたか？

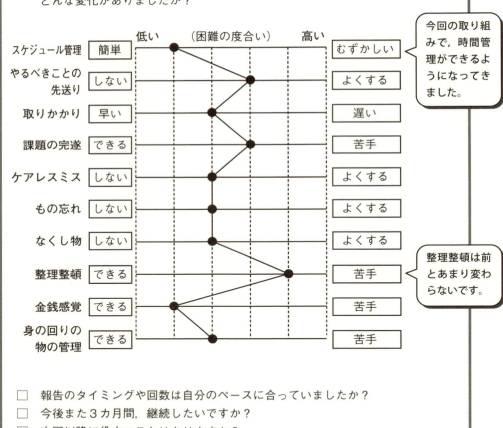

- ☐ 報告のタイミングや回数は自分のペースに合っていましたか？
- ☐ 今後また3カ月間，継続したいですか？
- ☐ 次回以降に役立つことはありますか？
- ☐ 未来の自分に対して提案やアドバイスできることがありますか？

# 第4章 コーチング適用事例

Case 1 目標「決めたことをやる」（14歳・男性）

Case 2 目標「予定が管理できるようになる」（17歳・男性）

Case 3 目標「持ち物と時間の管理ができる」（20歳・男性）

Case 4 目標「予定に合わせて行動する」（32歳・女性）

### 本章の概要

第3章までで，コーチングの流れと進め方について，だいぶつかんでいただけたと思います。とはいえ，「実際のイメージが，まだよくわからない」という方もいらっしゃるでしょう。

そこで本章では，第2章で自身について語ってくれたADHDのある人（タロウくん，タクミくん，ケンタさん，リサさんの4名）に再び登場してもらい，実際のコーチングでの会話を再現します。これによって，コーチングでの会話展開の特徴を，より現実味をもってとらえていただけると思います。

本章の構成は，4人についてそれぞれ，人物紹介，コーチングの概要に続いて，コーチングの導入部分から終了までの会話を掲載しています。会話の箇所は，左側に面接時の対話を抜粋して紹介し，右側には「コーチングの留意点」のポイントを六つの観点に分けて記しています（下記参照）。

なお，事例のStepはところどころ省略されています。これは，書面の都合から，類似の会話の重複を避けるためであり，実際のコーチングで省略しているわけではありません。

◆「コーチングの留意点」のアイコン説明

見た目でポイントがわかりやすいように，本章で紹介する事例の文章中に，以下のアイコンを使っています。

第4章　コーチング適用事例

# Case 1　目標：「決めたことをやる」

本事例のコーチ：通級指導教室の教員

　何事にもやる気がなく，継続して行うことが苦手なタロウくんですが，今回のコーチングでは，決めたことを実際の行動に移し，主体的・継続的な取り組みにチャレンジしました。

## (1)　人物紹介（対象者）

対象者：タロウくん（男性・14歳・中学2年）
診断：ADHD 混合型（不注意＋多動・衝動性タイプ）
問題：授業中は眠っていることが多く，何事にもやる気がない。課題提出ができず，グループワークにも非協力的。学業成績は低い。
経緯：ADHD の診断は小学校低学年時。通級は小学校から利用。低学年時には着席せず授業に参加できないことが多く，高学年になると，勝手な発言や暴言などで授業の妨げとなる行為が目立った。小学生のころより定期的に通院し，カウンセリングを受けている。薬物療法は小学校高学年で開始し，問題行動は沈静化している。

## (2)　コーチングの概要

導入 ── 通級指導教室での活動の一つとして，教員がコーチングに誘いました。この誘いに対するタロウくんの反応は，肯定的でも否定的でもありませんでした。

Step1（準備） ── Step1の内容に関して，これまで考える機会がなかったことが多かったようで，とまどう様子がみられました。タロウくん自ら積極的に話すことはありませんでしたが，質問に対しては真摯に回答していました。Step1では，タロウくんはコーチから質問を受ける場面が多かったのですが，落ち着きのない行動はみられませんでした。

Step2（面接・報告） ── 目標設定，現状の分析，具体的な計画立案の流れは，会話のテンポもよく進みましたが，会話の内容を明文化する段階では，「何て書けばいいかわからない」という場面もありました。行動計画の実施状況に関する報告は，「週1回，口頭で」となりました。

Step3（振り返り） ── 1カ月後，Step2の「毎日マラソンをする」という行動計画について振り返りました。取り組み状況として，「毎日」が「雨の日以外」となりましたが，コーチは実行できたことを労いました。また，今後の行動計画で「実行できる可能性」を踏まえることが大事であることを，タロウくんにフィードバックしました。

評価と今後 ── 3カ月の取り組みについて自己評価と，コーチによる評価を行いました。

## (3) コーチングプロセスの紹介

### Step1　準 備

【面接時の対話抜粋】　　　　　　　　　　　　　【コーチングの留意点】

コーチ：タロウくんの将来の目標や希望は何かな？

タロウ：別に……。毎日コロコロ変わります。いまは特にないです。

コーチ：まだ決められないよね。タロウくんがいま，何かはまってることや，周りではやってることってどんなこと？　⇒①

タロウ：ゲームとか動画ですね。

コーチ：そのほかは？

タロウ：最近バスケ部に復帰して，結構はまってるかな。

コーチ：へえ！　そういえば，かっこいいバッシュー履いてるよね。　⇒②

**point ①問いかけ（目標）**

　生徒の興味や関心事をきっかけにすると目標に結びつく会話に発展しやすくなります。保護者や教師の期待から設定した目標は，実現可能性を低め，コーチング全体のやる気を低下させます。とりわけ，コーチングを始めた段階では，「これならできそうだ」という視点が生徒がもてることが重要です。

**point ②励まし**

　タロウくんが大事にしていること（物）に，コーチが興味をもっていることを伝えています。

---

 **やりたいことがコロコロ変わる**

　中高生は一般的に，夢や希望を問われても本音を言わない時期でもありますが，ADHDの場合，時間感覚の困難さから「いまを生きる」傾向にあり，未来を想像できない，あるいはそのような経験がない可能性があります。「いま現在」に着目して話を進めると，目標がみえてくることがあります。

**ゲームは好き**

　中高生の多くがスマートフォンを持っています。しかし，ADHDの生徒は，特にオンラインゲームの依存にハイリスクであることが報告されています。

　コーチングでは，ゲームなどに関して指導はしませんが，コーチの側でこのリスクを把握しておくとともに，好きなことや趣味を話し合う際，ゲーム以外のことを見つけるようにします。

　もしも依存の程度が重い場合には，専門家の受診をすすめ，コーチングではこの内容は取り扱いません。

# Step2 面接・報告

── Step1の会話の続き──

コーチ：（バスケの目標は）地区大会優勝とか？

タロウ：弱小チームなんでまずは2勝をねらっています。

コーチ：楽しみだね。練習は？

タロウ：部活の時間と，休みは近くの体育館で集合して。いまは試験前でできないけど。

コーチ：試験が終わったら，練習はどうするの？

タロウ：フォーメーションの練習です。まだまだなんで。

コーチ：バスケはチームプレイだからフォーメーション大事だよね。2勝するのにやってみたいこととか，やったほうがいいなと思うことはあるの？
⇒③

タロウ：チームプレイだけど一人一人も大事で。これから休みに入るから体力づくりしないと。

コーチ：具体的には？

タロウ：毎日ランニング。

コーチ：いいアイデアだね。（資料をまとめた冊子の中から，「約束シート」の報告（方法と頻度）欄を指しながら）この，私への報告は，どのタイミングにしようか。

タロウ：先生が（この学校に）来る昼休みに行きます。

コーチ：それは嬉しいね。でも忙しくて教室にいないかもしれないから，その時はどうしようか。

タロウ：メモを置いておきます。

コーチ：わかった。次にタロウくんとこんな話をする時間がとれるのは2週間後だね。じゃあ，いま話したことをシートに書き込もう。

タロウ：……あれ，何だっけ？

**Point ③問いかけ（目標）**

ここでは，目標に向けた具体的な行動計画について尋ねています。

**コツコツは苦手**

タロウくんは，継続してものごとに取り組むことが苦手です。そのため，「毎日ランニングをする」などは，「できるはずもない」との前提があり，いままで言葉にすることすらできませんでした。

**話していたことを忘れる**

ADHDではワーキングメモリ（情報処理）がうまく働かない障害なので，このようなことは必発です。集団内では，こういったことから「また話を聞いてない」との誤解が生じやすいですが，個別でのコーチングでは，「ADHD特性を理解する」ことや「メモを取る練習をする」などの対処を検討するきっかけともなります。

コーチ：メモをとるといいよ。バスケの練習とか忘れたくないこともあるだろうから，別の機会に取り組んでみてもいいかもしれないね。　⇒④
（ここでは，話した内容について，コーチが言い直したものを生徒が「約束シート」へ記入してコピーをとっておいた）

**Point ④提案**

「別の機会」を忘れてしまうのがADHD特性でもあるので，コーチの側で提案していくとよいでしょう。

## Step3　振り返り

コーチ：マラソンがんばったね。どうだった？　⇒⑤
タロウ：まあ，思ったより簡単だった。
コーチ：これまでやったことないことをしたのだからよくやったと思うよ。好きなことを中心にするといろいろなことに挑戦していけそうだね。　⇒⑥
　　　　忘れないように「コーチング・振り返りシート」に書いておこう。
タロウ：ああ，はい。
コーチ：では，前にやったのと同じように，次に私に会うまでの行動計画を見直してみよう。体力づくりのために毎日ランニングするというのを続けてみる？
タロウ：「雨の日以外」というのにします。
コーチ：そうだね。実現可能かどうかを考えることが大事だね。　⇒⑦

**Point ⑤励まし**

振り返りでは，対象者の起こした行動を労うことが大切です。

**Point ⑥フィードバック**

主体的に新しいことに取り組むことができた，決めたことを実行に移せたということを返します。同時に，背景としてやる気がかかわってくることも押さえておきます。

**Point ⑦フィードバック**

もっている力の見積もりの失敗をフィードバックしています。

---

 **見積もりが甘い**

　本人にとって実際は簡単なことではないのに，このように答えることがあります。できるのに「できない」，できないのに「できる」と発言する，こうした背景には，自尊感情の低さや，見積もりや見通しの誤りがあること，また，根拠のない万能感（成功感）を指摘できます。
　これは，周囲からは「嘘」などととらえられてしまうことも問題ですが，漠然と失敗体験を積み重ねることにつながってしまうことを考慮する必要があります。この生徒の場合，むずかしいことを簡単と判断する傾向にあることを押さえます。そして，その後，行動計画を立てる際，一段階ハードルを下げた行動計画にするなどして，「簡単そう」と言いながら失敗することを避けるようにしましょう。

# Case 2 目標：予定が管理できるようになる

**本事例のコーチ：高校の養護教諭**

　人気者のタクミくんですが，友人とのトラブルを機に，時間管理の困難さに取り組みました。短期間のスパンで，行動計画を試行錯誤し，時間管理への意識の高まりがみられました。

## (1) 人物紹介（対象者）

**対象者：タクミくん**（男性・17歳・高校2年）

**診断**：ADHD 混合型（不注意＋多動・衝動性タイプ）

**問題**：遅刻や忘れ物が多く，周囲から「だらしない」「約束を守れない」と言われ，悩んでいる。

**経緯**：幼少期より落ち着きがなく，小学校高学年の時期には掲示物への落書き，火災報知機を鳴らすなど衝動的な行動がみられた。教科書類はもとより筆記用具も揃わず，学習に支障をきたす。学校成績は低いが，模擬テストなど学業成績は優秀であった。中学進学後は大きな問題行動は起こしていないが，日常的に忘れ物や時間管理の問題が生じている。高校入学後，友人トラブルを契機に養護教諭につながる。保健室には睡眠不足や気分が落ち込むなどの理由でたびたび訪れる。専門機関には小学校高学年時に受診後は行っていない。

## (2) コーチングの概要

**導入**

　20××年6月1日──タクミくんが通常立ち寄る形で保健室を訪れた際，「生活習慣について見直してみない？」と養護教諭が提案しました。コーチングについてひとこと伝えると，「保健室に来るのは嫌いではない」とのことであり，了承しました。

**Step1（準備）**

　20××年6月1日── Step1の内容について，ADHDの診断を得たのが小学生のころであったため，内容には多少とまどう様子も見られましたが，自分に該当することばかりであると，嫌がることなく説明を受けました。

Step2（面接・報告）

20××年6月1日──タクミくん自身，友人の指摘もあり，時間管理の問題に対して深刻にとらえていました。「約束シート」には，目標として，「人との約束を守れるようになる」と書きました。現状分析を経て，具体的な行動計画として，「スマホのアプリで予定管理する，を次回，保健室に来るまでにやる」，報告は「保健室に来たとき」と記入しました。

20××年6月2日──翌日に来室した際には，行動計画の実行度合いは低いものでした。

20××年6月3日──行動計画の実行度合いは，低いものでした（再度「やらなかった」）。

Step3（振り返り）

20××年6月3日── Step3の振り返りと行動計画見直しシートには，「週末，気に入った手帳を買う」「予定を手帳に書く」「寝る前に手帳を見返す」と記しました。

20××年6月4日──「お気に入りの手帳を見つけ，予定を手帳に書いてみた，寝る前に手帳を何回も見直した」と報告し，「予定帳の使い方で，自分に合うやり方をネット検索してみたい」と，行動計画につけたしました（略）。

評価と今後

20××年7月1日──この1カ月で起こした行動を振り返り，コーチはタクミくんの取り組みを労いました。また，「スマホの操作の過程で脇道にそれてしまって課題を遂行できない」「紙媒体の使用が，あなたに合ったスタイルである」といった内容を含む評価を行いました。報告の方法は，毎日の来室から，今後は週1回立ち寄って報告することとなりました。

## （3） コーチングプロセスの紹介

### Step1　準　備

──保健室来室からコーチング開始までの段階──

【面接時の対話抜粋】

コーチ：こんにちは，今日はどうしたの？

タクミ：だるくて遅刻した。

コーチ：体調悪いのかな？ 眠そうだね。

タクミ：まあ。

コーチ：昨日は何時に寝たの？

タクミ：3時くらいかな。

【コーチングの留意点】

 生活は不規則

対象者と良好な関係を築いていく段階では特に，発話内容に関するコーチの評価に注意します。評価は対象者の価値観ではなく，対象者の取り組みに対して行うようにします。したがって，深夜3時就寝と聞いて「それは遅いね，眠くて当然でしょう」といった類の発言は避けます。

第4章 コーチング適用事例

コーチ：友人とはその後どう？
タクミ：この間も約束した時間を忘れて，「おまえと動くとろくなことがない」って……。
コーチ：時間の使い方を見直してみると，勉強だけではなくて友達との問題も変わるかもしれないね。
　　　　⇒①
タクミ：はい，そうかもしれないです。
コーチ：コーチングといって，タクミくんが「こうなりたいな」ということに向かって，私が協力していくという方法があるのですが，やってみますか？
タクミ：はい。
　　── Step2（面接・報告）の面接時のやりとりは省略。
　　具体的な行動計画として，「スマホのアプリで予定管理する，を次回，保健室に来るまでにやる」としたものの，翌日・翌々日ともに，保健室来室の際には，行動計画の実行度合いは低いものでした。──

**Point ①提案**
対象者の悩みにそった提案がされると，対象者が納得して行動を起こすことにつながります。

## Step3　振り返り

──行動計画に失敗した後の段階──
コーチ：おはよう。予定管理のアプリの件だけど，「できた」を10，「できなかった」を0とすると，いくつくらいでした？　⇒②
タクミ：0。できなかったです。
コーチ：0だった理由は何かな？　⇒③
タクミ：専用アプリを探している間にオンラインゲームが始まっちゃって，風呂とか夕食とかで忘れた。
コーチ：ゲームは，いつもそんな感じで始めるの？
タクミ：ゲーム仲間からいつ誘いが来るかわからないけど，アラームがなるからそれで。
コーチ：そうすると，スマホをいじっていたら，なおさらすぐにゲームするよね。昨日考えた行動計画その

**Point ②問いかけ（理解）**
行動計画の進捗状況を確認します。

**Point ③問いかけ（分析）**
できなかった背景にどんなADHD症状があるかを一緒に分析していきます。ここで「どうしてできなかったの？」と尋ねてもよいですが，ADHD者は幼少期から叱責される機会が多くあり，理由を聞かれると責められている気持ちになる傾向があります。どうしてかを尋ねる時は，一緒に理由を探す行程が次のステップに結びつくという趣旨の言葉を添えるとよいでしょう。

　　　　ものが，タクミくんには合ってなかったかもしれないね。

タクミ：スマホをいじっていると，やろうと思っていたことはほとんどできていないと思う。

コーチ：最近は予定管理をスマホでやる人が多いけれど，紙媒体を使う手もあるね。スマホも紙も一長一短あるから，紙媒体の予定管理を試してみてもいいと思うよ。

タクミ：紙媒体で予定管理ってどうやるんですか？

コーチ：例えばスケジュール帳一つとっても，月ごとに一面で見られるタイプや，1週間ごとに分かれているタイプもあるし，壁などに固定できるものならカレンダーもあるね。タクミくんのお家に，日付けの下に書き込みのできるカレンダーはないかな？

タクミ：そういえば，親が書いているのがあるけれど，ちゃんと見たことないです。

コーチ：では，タクミくんが予定管理に慣れるまで，親御さんの使っているカレンダーを一緒に使ってみるというのはどうかな？

タクミ：それは絶対に嫌です。自分のスケジュールは自分だけが見られるようにしたいです。

コーチ：どんなものがいいかな？

タクミ：どんなのがあるか知らないから，まずお店に行って見てみます。

コーチ：それはいいね。それでは次回の行動計画のところに何と書きましょうか？

タクミ：（「コーチング・振り返りシート」の行動計画欄に，「週末，気に入った手帳を買う」と記入）

 **無理な計画を立てる**

目標設定や行動計画の失敗は，コーチングの初期を中心にたびたびあることです。これは，能力が低いことが原因で起こったことではなく，目標設定や行動計画に無理があったととらえます（ADHDの見積もりの失敗）。行動計画は特に，これまでやってうまくいったことがある（があと一歩）という内容，つまりスモールステップを心がけます。

 **意外なことを知らない**

ADHDのある人は，失敗の悪循環から抜け出せないことが問題となります。時間管理について取り組んだことのないADHDのある人は，さまざまなツールの選択肢があることに気づいていないことがあります。対象者とコーチの双方で，ツールのヒント（49ページ）を参考にしてもよいでしょう。

第4章　コーチング適用事例

## 評価と今後

――これまでの自己評価と今後の見通しについて――

コーチ：この1カ月を振り返ってみて，どんなことが変わったかな？

タクミ：そうですね，変わったって言えるかわからないですけど。相変わらず遅刻もするし。

コーチ：ただ，タクミくんはこれだけのことをこの1カ月でやりましたよ。タクミくんのこれまでの17年間で，時間管理に関してこれだけの行動を起こしたのは初めてのことではないかな。　⇒④

タクミ：はい。確かに遅刻はするけど，明日の予定がわかるようになって，時間を逆算しなきゃ，って思うようになったし。

コーチ：それは大事なことだよね。今後だけど，来月はどうしたいかな？

タクミ：ちょっと疲れてきたので，保健室に来るのは週1回にしようかな。　⇒⑤

コーチ：それもいいね。ただ，体調が悪い時は無理しないで来てくださいね。

 **小さな変化に目がいかない**

ネガティブすぎたり，逆にポジティブすぎたりすることがあります。状況のとらえ方に偏りがあるだけでなく，記憶の問題が関連しているかもしれません。

 **Point ④励まし**

コーチング冊子を見返し，取り組んだことを再確認するなど，根拠を示しながら労いの声をかけます。

 **Point ⑤考慮**

保健室の本来の役割と混同しないためにも，体調不良など必要に応じて保健室を利用するよう言い添えます。

 **タフに見えても疲れやすい**

　タクミくんの場合は，コーチングの回数を減らすということでしたが，中断することもあります。これまでやったことのないことを集中的に行うと疲れてしまい，少しお休みしたいとなるのです。しかし，たとえ中断しても，一度ここで「自分がうまくいく方法」を経験できているので，まずは自分でやってみようということができます。また，うまくいかなかった場合の術を知っている，つまり，またコーチと話せば大丈夫という安心感もあります。

　あるいは，「コーチングが自分に合わない」と対象者が感じている可能性もあります。理由がわかると，よりよいコーチング関係を築けることがあるため，「疲れてきた」という背景を具体的に尋ねてみるのもよいでしょう。

# Case 3 目標：持ち物と時間の管理ができる

**本事例のコーチ：大学設置の相談センターの相談員**

いつもぼんやりしているケンタさんですが，就職を前に，社会人としての最低限のマナーを身につけたいと考えています。今回のコーチングでは，忘れ物対策の持ち物リストを作成するなど，コーチの励ましを受けながら，積極的に取り組みました。

## (1) 人物紹介（対象者）

**対象者：ケンタさん（男性・20歳・大学生）**

**診断**：ADHD 不注意優勢型

**問題**：大学の単位取得が常に危うい状況にある。課題の提出期限が守れない，授業は遅刻が常態化しているなど，時間管理に深刻な問題を抱えている。

**経緯**：幼少期より忘れ物やケアレスミスが多かったが，逸脱行動がなかったため，学校も家族も問題視していなかった。中学校に入ると，科目によっては学業成績が振るわず，学習に対して上の空など指摘されるようになったものの，希望の学部に進学することができた。

大学進学後は，遅刻や忘れ物が頻発し，テストに遅刻する，レポート提出が間に合わないなど，留年が懸念され受診にいたった。診断は，多動・衝動性が顕著でない ADHD とのことであった。合理的配慮がなされるのが望ましいとの助言により，大学の相談センターにつながる。

## (2) コーチングの概要

**導入**

予約時間に来室。礼儀正しく，緊張した様子もみられませんでした。就職活動を目前に，自分のことをもっとよく知り，改善できるところは積極的にやっていきたいと，コーチングの実施に前向きでした。

**Step1（準備）**

Step1の内容説明をじっくり聞いていました。

第4章　コーチング適用事例

Step2（面接・報告）

ケンタさんは，「学生のうちに最低限のマナーを身につけておく必要性を感じる」と言い，明確な目標をもっていましたが，具体的な行動計画を立てる段階ではとまどう様子がみられました。

Step3（振り返り）

忘れ物については，「毎日使うものの定位置を決める」ことは実行に移すことができ，翌週の対面でのコーチングで見直した行動計画の「定位置に毎回戻す」も実行できました。その間，E-mail による報告を毎日行いました。

評価と今後

3カ月の取り組み内容を本人およびコーチが評価しました。ケンタさんは，自分から進捗報告することがモチベーションになったと言い，コーチングを継続する意向を示しました。

## （3） コーチングプロセスの紹介

—— Step1（面接時の対話）は省略。

　　コーチングの実施に前向きで，内容説明にも真剣に耳を傾けていました。——

## Step2　面接・報告

——現状分析と行動計画の策定の段階——

【面接時の対話抜粋】

コーチ：ケンタさんは，遅刻や忘れ物を減らして，少しでも就職への不安材料を減らしたいと思っているのですね。具体的にはどんなことをしますか？

ケンタ：う〜ん，思い浮かばないです。

コーチ：遅刻や忘れ物は大学に入ってから？

ケンタ：いいえ，そういうわけではないです。割と昔からありました。

コーチ：中高の時代はどうだったのですか？　⇒①

ケンタ：遅刻も忘れ物もしょっちゅうだったけど，そんなに大きな問題でもなかったですね。

コーチ：どうしてですか？

【コーチングの留意点】

 **失敗を重ねている**

十分に想定される回答。これまでの自己流のやり方では失敗していることが多く，成功していたとしてもそれが身についていないことが多いものです。

**Point ①問いかけ（分析）**

忘れ物にまつわるエピソードから，対象者の行動の癖を見いだし，例外や提案につながる材料を探す問いかけをします。

ケンタ：教科書類は学校に置いていたし，忘れたら友達が貸してくれたし。遅刻は，注意されたりもしたかなあ。

コーチ：最近の忘れ物や遅刻は？　⇒②

ケンタ：忘れ物のせいで遅刻することがしょっちゅうです。

コーチ：今日ここの予約に時間どおりに来られたのも，忘れ物で引っかからなかったからなのですね。

ケンタ：言われてみるとそうですね。

コーチ：ところで，どんなものを忘れるのですか？

ケンタ：電車の定期券とか，財布とか，鍵，スマホが多いですね。いつもギリギリか少し遅刻するくらいに家を出るのに，定期とかだと取りに帰らないといけなくなって。ティッシュとかマスクとかコンビニで買える物ならいいんですけど。

コーチ：いつもカバンを変えているの？

ケンタ：いいえ，大学へは毎日同じリュックです。でも，スマホや鍵は出し入れするし，定期はパンツのポケットだから。

コーチ：出し入れする物はいつもどこに置いているの？

ケンタ：スマホだと，洗濯機の横とか，トイレ，玄関，枕元とか。鍵は，玄関のときもあるし，ポケットの中が多いかな。なくすことも多いからスペアキーはいくつもありますね。

コーチ：必需品は「見える化」して，物の住所を決めて，戻すというサイクルであれば，なくなりにくくなりますよ。　⇒③

ケンタ：へえ！　でも物の住所を決めるっていっても……。

コーチ：スマホなら使う場所を決めて置くとか。

ケンタ：固定電話みたいな感じですね。寝る前にスマホいじるのもやめられそう。でも，定位置を決めるだ

**Point ②問いかけ（分析）**

過去にうまくいったやり方は今後の参考にしますが，今回の対象者の目標に向けた行動計画へのヒントとしては弱いため，さらに分析を進めます。

**系統的に考えない**

遅刻が時間管理の問題だけでなく，忘れ物やケアレスミスなどほかの要因も絡んで起こっていることを確認しています。同時に，忘れ物がないと遅刻しないで済みそうだという構図を認識できます。

**Point ③提案**

コーチの経験の範囲内で提案してもよいでしょう。

第4章　コーチング適用事例

　　　けじゃ忘れ物は減らないような……。ちゃんと持
　　　ったかチェックしないと。
コーチ：そうですね。ケンタさんは，チェックリストを作
　　　ったことはありますか？
ケンタ：ないです。
コーチ：持ち物をこうやって書き出すんです。それを外出
　　　前に必ず見る場所に貼っておいて，指差し確認す
　　　ることで忘れ物をしなくなったという人もいます
　　　よ。　⇒④
ケンタ：自分もやってみます。
コーチ：それでは，行動計画のところに書き込みましょう。
ケンタ：(「毎日使う物の定位置を決める」と「忘れ物チェ
　　　ックリストを作って玄関に貼る」を「約束シー
　　　ト」の行動計画に書き入れた)

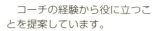

> **Point ④提案**
> コーチの経験から役に立つこ
> とを提案しています。

---

**（E-mail による進捗報告）**

[ケンタ]

○○さん（コーチの名前），
こんにちは。本日決めた
「毎日使う物の定位置を決め
る」ですが，五つのアイテ
ムの位置を決めました。

[コーチ]

お疲れさまでした。またの
報告を待っています。
⇒④

> **Point ⑤　考慮**
> 進捗報告やリマインダーが目
> 的となるので，長々と返信する
> 必要はありません。ここでのコー
> チによる，対象者の取り組
> みに対する労いや励ましが，
> ADHDの人の「続ける」を後
> 押しします。

# Case 4　目標：予定に合わせて行動する

本事例のコーチ：発達障害外来の心理士

　過集中で時間を忘れてしまうリサさんは，時間を見て動くことに取り組みました。会話が脱線する傾向にあるため，軌道修正しながら分析を進め，実態に合った行動計画を策定しました。

## （1）人物紹介（対象者）

対象者：リサさん（女性・32歳・社会人）

診断：ADHD 混合型（不注意＋多動・衝動性タイプ）

問題：話し出すと止まらない。時間を守れない。常にソワソワ・ワクワクした気分で落ち着かない。楽しくないことはやりたくない。慌ててパニックになりやすい。整理整頓が苦手。

経緯：幼少期より忘れ物が多く，授業中に勝手に発言する，友人とトラブルを起こす，集団行動からはずれるなどの行動がみられた。成績は中の上で，短大を卒業後は，身体能力を生かしスポーツインストラクターとなった。ジムのクラスのスケジュール管理がうまくいかない，熱中しすぎて次のクラスに間に合わない，事務処理の業務は興味がもてずやれない。自分の不注意で仕事上のトラブルが起きることへの不安が増幅し，専門外来の受診にいたった。

## （2）コーチングの概要

Step1（準備）

　Step1の内容を実施中，リサさんは書面の内容に興味をもち，十分理解している様子でした。疑問点は躊躇せずに尋ね，書面に手際よく記入していました。ADHD の影響はほぼすべて高いとのこと。自分に役立つ資源については，書面の枠に収まらないほど記入していました。

Step2（面接・報告）

　コーチングでの取り組み内容について話し合いました。対話は，「1を聞いたら10返ってくる」状態であり，話している際中に，本来の内容を失するシーンもありました。しかし，コーチのガイドで，ポイントを押さえた分析を進めることができました。報告はメールにより，週1回のペースで実施することとしました。

第4章　コーチング適用事例

Step3（振り返り）

振り返りの中でリサさんは，「（約束シートの）行動計画に書いたことを行うことで，多くのヒントが見つかった」と嬉々としていました。行動計画についても，やってみたいことについて次々アイデアが沸いてきました。コーチは優先順位づけに配慮しながら対話を行いました。

評価と今後

開始から3カ月したところで，生活上の変化やコーチングでのやりとりを評価し合いました。今後も継続していくかについて話し合ったところ，「ぜひ続けたい」とのことであったため，次のサイクルも継続することとなりました。

## (3) コーチングプロセスの紹介

### Step1　準　備

――クリニックへの来院からコーチング開始までの段階――

【面接時の対話抜粋】　　　　　　　　　　　　　　【コーチングの留意点】

コーチ：（リサさんの記入した書面を見ながら）読みやすく，アイデアが豊富ですね。

リ　サ：一つ何か思い浮かぶと，次から次へと芋づる式に考えがつながってきて止まらなくなるんです。

コーチ：アイデアが浮かぶのはいいですね。

リ　サ：はい。でも，熱中しすぎていつの間にか深夜になっていたり，結局何やっていたんだっけ？　ってなることもあって困るときが多々ありますね。

コーチ：リサさんにとっては一長一短ですね。

 **豊かな発想力**
Step 1は対象者の「強み」をコーチが把握するのに最適な段階です。アイデア豊富なのがリサさんの強みであると同時に，それが本人の困り感につながることがある側面にも注目します。

### Step2　面接・報告

コーチ：このコーチングで目標にしたいことは何ですか？

リ　サ：ジムに来る利用者さんとのトラブルを何とかしたいです。

コーチ：それは利用者が辞める原因にもなりますからね。

リ　サ：そんなことになったら失業しちゃいます。

コーチ：ところで、トラブルの原因は何ですか？
リ　サ：いろいろありますが、いちばんには高いレベルまで自分を追い込んで体づくりしてほしいという私の思いと、楽しくダイエットをしたい利用者さんとの方向性のギャップがあると思うんです。そもそも私がインストラクターになったのも……（略）。

**順を追って話すのが苦手**
ADHDのある人は「何を話していたんだっけ？」などと、話が逸れることが頻繁に起こります。コーチングでは、シートを見たり、コーチが働きかけることで、対象者が迷子になるのを防ぐことができます。

コーチ：せっかくだから、よりよい体づくりをしてもらいたいですよね。戻りますね。その他の理由は？
リ　サ：利用者さんは習い事感覚で気軽な気持ちで来ていて、時間になれば園のお迎えがあったり。「クラスが毎回延びるから間に合わない」ってアンケートに書いた人がいて、これも原因かな（略）。
コーチ：クラスに熱が入ると時間を忘れるんですね。ADHDの方は集中しすぎてしまう過集中が起こりやすいんです。

**過集中**
本人が気づいていないADHD特性を確認し、別途、行動計画を立てる際の配慮事項とします。

リ　サ：ああ、やっぱり。クラス以外にも……（略）。
コーチ：このコーチングの目標はどうしましょうか。
リ　サ：そうですね、利用者さんとのトラブルをなくすことを目標にしたいです。
コーチ：トラブルをなくすために具体的にどんなことができそうですか？　⇒①

**Point ①問いかけ（分析）**
「トラブルをなくす」は行動としては大きすぎて漠然としているため、実際に起こせる行動を探っていきます。

リ　サ：いちばんは自分の思いとのギャップが大きいこと。でも、どうにかできることでもないと思うし。
コーチ：人の気持ちを動かすのは至難の業ですよね。もう一つの、予定が延びるというのはどうですか？
リ　サ：これもむずかしいんです。時間どおり動くなんて、自分の人生でうまくいった試しがないんだから。

**極端になりやすい**
ADHDの全か無かでものごとを判断する傾向に留意します。

コーチ：え？　ほんとうですか？　でも、友達とのコンサートの待ち合わせや大学の授業など、時間どおりに動けたことは1回もありませんか？　⇒②

**Point ②問いかけ（例外）**
うまくいった経験を引き出す質問です。

リ　サ：そんなことはないけど，ほとんどは遅刻だから。
コーチ：うまく時間どおりに到着できたとき，その理由は何だったのですか？　⇒③
リ　サ：え，何でだっけ（略）。大学時代は，お母さんに起こされたときだったかなあ，仕事休みのときとか。うーん，後は友達と遊園地で待ち合わせたとき，近所だった子と一緒に行ったときとか。
コーチ：家族に起こしてもらったりとか，友達と一緒に行ったりとか，だれか自分以外の人がかかわったときにうまくいったことがあるんですね。
リ　サ：まあ，そうかもしれないですね。そういえば。
コーチ：さきほどの目標に戻りますけど，時間どおりクラスを終えるのにだれかにかかわってもらうのも一つの手かもしれないですね。　⇒④
リ　サ：そうですね。でも，だれだろう。あと，自分のクラスなのに，他人が入ってくるのも嫌だし。
コーチ：現実的に実行できそうなことは何でしょうね。
リ　サ：チャイムでも鳴ってくれるといいんですけど。
コーチ：「私，つい熱が入りすぎちゃって時間がオーバーしてしまうから，だれか声かけてくれるとありがたいです！」と宣言してみるとか。　⇒⑤
リ　サ：利用者さんには，そう言えない気がします。
コーチ：では，時計のアラームを鳴らすとか。
リ　サ：いいですね，面白いです。
コーチ：では，「約束シート」の目標と行動計画欄に記入しましょう。目標は，利用者さんとのトラブルを減らして気分よく仕事をすること，具体的にやってみることは，腕時計のアラームを設定して時間どおりにクラスを終えること，としましょうか。
リ　サ：そうですね（目標と行動計画欄に記入）。

**Point ③問いかけ（分析）**

うまくいったときの分析が鍵です。ADHDのある人は失敗が多いので，稀にうまくいったとき「偶然」起こった出来事と片づけてしまうこと，また成功経験そのものが少ないため，失敗のサイクルから抜けるきっかけがありません。コーチングでは，うまくいったときの分析を大事にし，そのきっかけとします。

**Point ④提案**

分析をもとに，提案しています。

**Point ⑤提案**

コーチングでは，こうするとよいと考えることであっても，権威主義的な指示をすることはありません。あくまでも対象者自身が無理なく実行できることにつながるよう，コーチの知識に基づく提案を心がけます。

**独特の時間感覚**

腕時計をする習慣がない人もいます。「時計があると時間がわかるのですね！」と言う人もいるくらいです。時間を気にして動くという概念をもたずに過ごしてきたことが，背景の一つにあると考えられます。

コーチ：あと，これをどう報告してもらうかですが，方法や頻度，タイミングはどうしたいですか？ 私はメールなら週3回まで対応できます。　⇒⑥

**Point ⑥考慮**
コーチの側で，無理なく対応できる範囲をあらかじめ決めておきます。

リ　サ：私，メール大好きなんで，週3回でいいですか。○○さん（コーチ）に「ちゃんとやりました」って報告するのもモチベーションになるし（約束シートの「報告の方法と頻度」欄に記入）。

コーチ：メールが設定できているか確認したいので，いまこのアドレスに送ってもらえますか。　⇒⑦

**Point ⑦考慮**
対象者が自宅で行うことを最小限にしておき，とりかかりのハードルを下げます。

コーチ：それでは，ここに書いたことに責任をもって取り組みますという意味で，ここに署名しましょう（「約束シート」はコーチ用と対象者の自宅掲示用に2部コピーする）。

コーチ：実際やってみてどうだったか，目標や行動計画に無理がなかったかなど，また話し合う時間をとりましょう。来週のこの時間はいかがですか？

リ　サ：はい，大丈夫です。よろしくお願いします。

コーチ：次回は○月○日にここでお待ちしています。

—— Step3（振り返り）は省略。——

## 評価と今後

コーチ：初めてお会いしてから3カ月が経ちました。この間，レッスンの終了時間を守るなど，生活面の課題に取り組んできましたが，いかがでしたか？

リ　サ：新しい発見があったり，こういうところに気をつけようと改めて確認できたりしましたね。

コーチ：一つのことに継続的に取り組めたということもよかったですね。今後の希望はありますか？

リ　サ：○○さん（コーチ）と話しながら見えてくることもあるし心強いので，今後も続けたいです。

## おわりに

　以上，四つの事例について紹介しました。

　ADHDのコーチングについて，具体的なイメージをつかんでいただくことができたでしょうか。気づかないうちに，コーチングに近いかかわりをすでに行っていたという場合も，少なくないかもしれません。

　なお，これらの事例では，対象者の年齢に応じて「通級指導教室の教員」「養護教諭」「大学設置の相談センターの相談員」「発達障害外来の心理士」がコーチとなりました。対象者が学生の場合，所属校の「学級担任」や「管理職の先生」，「保護者」などがコーチングのエッセンスを活用することも可能です。

　学級担任や保護者など，身近な人がコーチ役になる場合の強みは，子どもの得意なことや苦手なことをよくわかっている存在であるということでしょう。そのため，子どもに対して，より多くの具体的な提案や励ましが可能になります。

　逆に気をつけるべきポイントは，大人のもっている期待や思いよりも，子どもの希望や目標を優先することです。そして，保護者や学級担任は，コーチ役をすることで，親や教師としての本来の役割が損なわれないように気をつけてください。

　このように，コーチングは，さまざまな立場の人に活用可能な援助方法です。ぜひ，対象者がADHDの特性とうまくつき合いながら，充実した生活を送ることができるように役立てていただければ幸いです。

# ADHDのコーチング Q&A

**Q1** コーチとして,対象者とどのように信頼関係を築いていったらよいでしょうか？

**A** 対象者との信頼関係を,専門的には「ラポール」といいます。ラポールが形成されると,対象者は安心して自分のことを話すことができます。コーチングは基本的に,ラポールを形成しやすい方法です。コーチの基本姿勢を心がけましょう。

**Q2** 二次障害が不安です。コーチングではどう対処しますか？

**A** 二次障害の程度によります。気分障害や摂食障害のような精神医学的な問題には,専門家の治療が必要です。反抗的な態度,「どうせ(僕・私なんて)」と,自尊感情の低下は,コーチングでこれらの問題を目標や課題として直接的に取り上げませんが,コーチングをきっかけとして改善することがあります。

**Q3** ADHDと診断されていない「ADHDのような状態の人」にはどのように対応したらよいですか？

**A** 基本的には,「コーチングを行ってはいけない人」はいません。ただし,医学的な治療や専門家によるケアが必要な人に対し,それを抜きにしてコーチングを行ってよいということではありません。

**Q4** コーチは質問や提案以外のことをしてはいけないのでしょうか？

**A** 本書のコーチングの行程には,あいさつや軽めの近況のやりとりは含まれていません。ただ,これもコミュニケーションとして大事な要素です。コーチングの所要時間はあくまで目安として,余裕をもって実施してください。

**Q5** コーチになっていい人とそうでない人はいますか？

**A** ADHDを理解しようという姿勢があれば，基本的にはだれでもコーチになる資格はあります。ただし，さきほどまで教師として厳しく指導していたそばからコーチングを実施するなど，対象者が混乱するようなことは避けましょう。

**Q6** うまくいっている気がしません。
対象者と相性が合わないのでしょうか？

**A** 対象者とコーチの相性なのか，コーチングという方法が合っていないのか，対象者はそう思っていなくてもコーチの側で感じていることなのか，うまくいかない理由を検討しましょう。3カ月の区切りで，対象者のコーチング体験をよく聞き取ってください。

**Q7** 本書に掲載されている資料はすべて使わなくてはいけませんか？
分量が多いと感じます。

**A** Step1を除いては，コーチの基本姿勢を理解していれば，極端な話，対話のみで進めることも可能です。ただし，対象者は「脳のメモ帳」が使えないということを常に念頭において，コーチから離れてもコーチとの約束が進められるようにしましょう。

**Q8** 特別支援学校の教員です。
コーチングは教育課程の何の時間に該当しますか？

**A** 特別支援教育の「自立活動」に位置づけられます。自立活動の，健康の保持，心理的な安定，人間関係の形成，環境の把握に部分的に関係してきます。

**Q9** 中学校で通級指導教室の教員をしています。対象者の所属クラスの担任に協力を求めてもかまいませんか？

**A** 教員同士の情報共有や連携は，対象者や家族にとって心強いものです。対象生徒の取り組み内容が，担任教員からのリマインダーがあるとより実行しやすいということもあります。本人に断ったうえで行いましょう。

# 資料編

- 本資料編は，実際にコーチングを実施する際に使用するシートをひとまとめにしたものです。109～119ページのコピーを1セット（冊子）にして，対象者に手渡しましょう（※すべての資料を使わなければいけないわけではありません⇒107ページ参照）。
- 対象者は面談のたびにこの冊子を持参するようにします。
- シートの記入の仕方については，対象者に第3章の記入見本（下記の対応ページ参照）を提示するか口頭で伝えましょう。

| ページ | シートのタイトル名 | 対応ページ |
| --- | --- | --- |
| 109 | あなたのコーチングの行程 | 63 |
| 110 | コーチングの確認事項 | 64 |
| 111 | 困難の原因 | 65 |
| 112 | あなたの希望・大切なこと | 66 |
| 113 | 私の日常生活上の困難領域 | 67 |
| 114 | 役に立つこと | 68 |
| 115 | コーチング・サポートメモ | 70 |
| 116 | 目標設定と行動計画のヒント | 78 |
| 117 | 約束シート | 79 |
| 118 | コーチング・振り返りシート | 82 |
| 119 | コーチング・評価表 | 84 |

資料編

**資料1**

# あなたのコーチングの行程

**Step1　準備（本日：初回）**
- ☐ コーチングの流れ（行程）の説明。
- ☐ コーチングでできることを知る。
- ☐ ADHDについて知る。
- ☐ あなたの希望や大切にしていることを書き出す。
- ☐ 自分の生活へのADHDの影響を知る。
- ☐ あなたを助けてくれる資源（役に立つこと）を知る。

**Step2　面接・報告**
- ☐ 目標を立てる・確認する。
- ☐ 過去・現在の状態を分析する。
- ☐ 具体的な行動計画を立てる。
- ☐ コーチと連絡を取るタイミングを決める。
- ☐ コーチングの目標・行動計画・連絡方法を記入した約束シートを完成させる。
- ☐ 約束シートを実行する。
- ☐ コーチと連絡を取り合う。

**Step3　振り返り**
- ☐ 前回のコーチングを振り返る。
- ☐ Step2の目標や行動計画を見直す。

> Step3を繰り返して目標達成をめざす

**評価，今後の検討**
- ☐ 3カ月間の取り組みを評価する。
- ☐ コーチングの終了・継続を決める。

**資料2**

# コーチングの確認事項

以下の内容を確認して、□欄にチェック☑を入れてください。

- □ 私の生活の改善に取り組んでいきます。
- □ 私は自分の生活をよりよくしていく意欲があります。
- □ コーチングは「能力があってもできない」方の特徴を補うためのものです。
- □ トレーニングや訓練で向上させるものではありません。
- □ 心の問題を深く取り上げるアプローチではありません。
- □ 私はコーチングが自分の方向性と合っていると思います。
- □ 私はコーチとの協力関係を大事にします。
- □ コーチングは、直接対面やメール・電話などでのやり取りも行います。
- □ コーチングを始めるタイミングとして、現在の状況は悪くありません。
  （クラス替え直前、担任が変わった等の大きな環境の変化はない）
- □ 対面式コーチングでは以下の物を持参します。
  ○コーチングファイル（本冊子）
  ○時計（時間を意識しながらコーチングに臨みます）
  ○筆記用具（行動計画を書く、書類にサインするなど多用します）
  ○ケース（持ち物を入れるケースです）

資料編

資料3

# 困難の原因

詳細は不明です。脳の前頭葉の一部の前頭前野が関連する実行機能（自分の注意や行動をコントロールする働き）や，神経伝達物質（脳内の神経細胞の間で情報をやりとりする物質）の働きに障害が起きているという説が現在有力視されています。

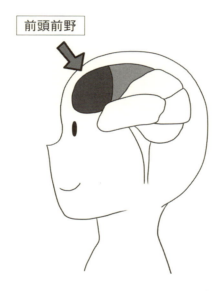

本人の努力不足や家族のせいではありません。

特性を正しく把握し，適切に対応することで，生活を改善することができるといわれています。

**資料4**

# あなたの希望・大切なこと

あなたの希望や大切にしていることは何ですか？

① あなたが好きなことは何ですか？
　_____

② あなたが得意なことは何ですか？
　_____

③ あなたが好きなことは何ですか？
　_____

④ あなたがいま熱中していること，はまっていることやものはなんですか？
　_____

〔参考〕下記の項目について，あなたの関心の度合い（低い〜高い）に印をつけて，点を線で結び，自分がいま何を大切にしているか確認してみましょう。
　　　※注：他者の期待ではなく，自分の希望を書きましょう。

資料編

**資料5**

# 私の日常生活上の困難領域

困難の度合い（低い〜高い）に印をつけましょう。点を線で結んで，とりわけむずかしいことから，苦手の程度が比較的低いことまで，あなたの困難な領域を確認しましょう。

113

## 資料6

# 役に立つこと

あなたの資源（助け・役立つこと）になることを，下線部に記入しましょう。

1. 私が集中しやすい場所は，_____です。

2. 私は，音や視界，その他の感覚をコントロールすると集中しやすくなります。具体的には_____です。
（記入例：イヤホンをする，音楽を聞く，照明を暗くする，狭い部屋にこもる，シャワーを浴びる，図書館に行く，机の上を空にする，温度調整，肌のかゆみ止めをぬるなど）。

3. 私が集中しやすい時間帯は，_____です。

4. 私の注意が持続する時間は，_____分です。

5. 私の助けになってくれる人は，_____です。

6. ものごとに取り組んだ後のごほうびは，_____があると効果的です。

7. 私は課題に取り組もうとするときに，_____でうまく行ったことがあります。

8. 私のストレス解消法は，_____です。

9. 私が予定を組むとき，_____とうまく行くことがあります。

10. その他，私の役に立つことは，_____です。

## 資料7

### コーチング・サポートメモ

---

**Ⅰ　あなたのやりたいこと・希望・夢・目標など**

① やりたいなと思うことは何ですか？　こうだといいなと思うことを書いてみましょう。

② やりたいことについて，いまはどうですか？

---

**Ⅱ　問題になることはなんでしょう**

実際にやってみる時に問題になりそうなことはありますか？☑をつけましょう。

- ☐ 問題はない
- ☐ 忘れる
- ☐ やる気が続かない
- ☐ 気が散る
- ☐ つまらない
- ☐ 楽しくない
- ☐ 間に合わない
- ☐ 完璧をめざしてしまう
- ☐ やみくもに動いてしまう
- ☐ 衝動的に動いてしまう
- ☐ 我慢できない
- ☐ 予定が狂う・後回しにしてしまう
- ☐ 目先のことに流される
- ☐ 短気・怒りっぽい
- ☐ その他

**Ⅲ　実際にやれそうなことはなんでしょう**

① やりたいことのために具体的には何ができそうですか？　もう少しがんばればできそうなことは何ですか？　こうすればできそうだ！ということはありますか？「役に立つこと」シートを見返してみましょう。

② 実際にやれそうなことをできるようにするために，コーチにお願いしたいことを書いてみましょう。

---

**Ⅳ　コーチへの連絡方法**

「実際にやれそうなこと」の欄に記入したことが実際にできたかどうかをコーチに報告しましょう。いつ？　どうやって？　報告しましょうか。

---

　　　私は，　　　年　　　月　　　日まで，このシートに書いたことに取り組みます。

あなたの名前：　　　　　　　　　　　　　　　年　　　月　　　日

コーチの名前：　　　　　　　　　　　　　　　年　　　月　　　日

**資料8**

# 目標設定と行動計画のヒント

◆五つのSMART要素（○=OK：，×=NG）　注：全部きっちりやろうとすると逆に進まなくなります。

1. ○具体的 (Specific)：5W（いつ・どこで・だれが・何を・なぜ）を示すことで，明確な目標につながる。⇔ ×抽象的
2. ○測定可能 (Measurable)：数字や場面を入れる。イメージを膨らませることで，行動計画を立てやすくする。 ×測定不可能
3. ○アクションベース・行動 (Action)：実際的な行動であること。考え方や気持ちではない。⇔ ×思考・論理
4. ○実現可能 (Realistic)：現実的に達成できる可能性があるか。現実性のまったくないことは，目標にも行動にも結びつかない。⇔ ×実現性が低い
5. ○タイムラインの明示 (Time-line)：あいまいな時間軸は，忘れることにつながる。⇔ ×あいまいなタイムライン

◆目標設定の例

| SMART要素 | ○（よりよい生活につながりやすい） | ×（あなたの生活が変化しにくい） |
|---|---|---|
| 1：具体的 | 友人との待ち合わせで，約束の5分前に着いているようにしよう。 | 遅刻を減らしたい |
| 2：測定可能 | バスケの試合で，スタメン入りして4クオーター（途中下げられても）出場する。 | 将来，バスケの選手になるぞ！ |
| 3：アクションベース・行動 | 学校で必要なものを毎日持っていく。 | 忘れ物がなくなるといいなあ。 |
| 4：実現可能 | 明日から体重計測を始めてその記録をつけよう。 | 1カ月で体重を10kg減らしたい。 |
| 5：タイムラインの明示 | 今週中に，漢字検定の合格に必要な問題集をそろえよう。 | 明日から，漢字検定に合格するようがんばろう。 |

◆行動計画の例

| SMART要素 | ○（よりよい生活につながりやすい） | ×（あなたの生活が変化しにくい） |
|---|---|---|
| 1：具体的 | 来週の面接までに遅刻の原因を三つ書き出してみる。 | 遅刻しないようがんばる！ |
| 2：測定可能 | 次の練習で，どうすれば全クオーターに出られるか，コーチに聞く。 | うまくなるまで練習する。 |
| 3：アクションベース・行動 | ・持ち物のチェックリストを作る。<br>・「明日の準備」が終わったらお母さんに確認してもらう。 | 忘れないように覚えておきたい。 |
| 4：実現可能 | ・体脂肪も計測できる体重計を今週末に買う。<br>・今日，体重記録のアプリをダウンロードする。 | 今日から1カ月間，りんごを食べ続ける。 |
| 5：タイムラインの明示 | ・このあとの休み時間に，漢字検定に合格した友達に使った問題集を聞く。<br>・今日中に評価の高いレビューを探す。 | 将来的に中学生の漢字が書けるようになる。 |

## 資料9

## 約束シート

私は，この約束シートへの記入内容に取り組みます。

### 目標

● _____
● _____
● _____

### 行動計画

あと少しのがんばりでできそうなこと・実現可能なことを書き出しましょう。
目標達成に向けて私が具体的にやることは，

● _____
● _____
● _____

### 報告（方法と頻度）

● 行動計画の進捗を報告するため，私は _____

● コーチへのお願い _____

約束シートの有効期間　　　年　　月　　日まで
署名（あなた）　　　　　　　　　年　　月　　日
署名（コーチ）　　　　　　　　　年　　月　　日

資料10

# コーチング・振り返りシート

◆自分の取り組みを振り返り，記入しましょう。

☆「うまくいったやり方や，好きなやり方，自分にあったやり方」

※シート「役に立つこと」に書きたしましょう。

☆「うまくいかなかったやり方や，自分には合わなかったやり方」

◆自分の取り組みがどうだったか，コーチに聞いてみましょう。

◆目標と行動計画を見直しましょう。

| 目標 | |
|---|---|
| 行動計画 | |

- 前に立てた目標は自分に合っていましたか？
  (Yes⇒前のページをそのまま書き写しましょう)
  (No⇒SMART ゴールを参考にして書き直しましょう)
- 行動計画を，上に書いた目標に合わせて書いてみましょう。
- 報告の仕方はこれまでどおりでよいか確認しましょう。

あなたの名前：　　　　　　　　　　年　　月　　日

コーチの名前：　　　　　　　　　　年　　月　　日

**資料11**

# コーチング・評価表

３カ月間の取り組みを振り返ってみましょう。

☐ これまでの自分と比べて，この３カ月で何か変化したことはありますか？
☐ この３カ月で新しい発見がありましたか？
☐ もっとこうすればよかったと思うことはありますか？
☐ 下のグラフの困難の度合い（低い～高い）に点印をつけ，線で結びましょう。
　そして，「私の日常生活上の困難領域」のシートと比べてみましょう。
　どんな変化がありましたか？

| 項目 | 低い | （困難の度合い） | 高い |
|---|---|---|---|
| スケジュール管理 | 簡単 | | むずかしい |
| やるべきことの先送り | しない | | よくする |
| 取りかかり | 早い | | 遅い |
| 課題の完遂 | できる | | 苦手 |
| ケアレスミス | しない | | よくする |
| もの忘れ | しない | | よくする |
| なくし物 | しない | | よくする |
| 整理整頓 | できる | | 苦手 |
| 金銭感覚 | できる | | 苦手 |
| 身の回りの物の管理 | できる | | 苦手 |

☐ 報告のタイミングや回数は自分のペースに合っていましたか？
☐ 今後また３カ月間，継続したいですか？
☐ 次回以降に役立つことはありますか？
☐ 未来の自分に対して提案やアドバイスできることがありますか？

## あとがき

　よく「本の執筆は年単位」などと耳にすることがありますが，実は本書の出版の話を図書文化社が受けてくださることが決まってから，あとがきを書いているいまの時点で，まだ1年を経過していません。その理由は一つです。

　それは，ADHDご本人のみならず，支援者にいち早く援助の選択肢を増やしてほしかったことがあります。率直に言って，100人のクライエントに100％"効く"治療法はありません。ただ，一人でも多くのADHDのある人が，よりよい暮らしができるようになる可能性が示された方法を，いち早く届ける使命があると思いました。

　本書が出来上がるまでの期間は短いものでした。けれども，費やした時間は計算してみるのも恐ろしいほどです（家族の応援に感謝します）。多くの時間を本の執筆に費やした理由の一つは，私自身の遅筆にありますが，ほかにもいくつかの理由があります。

　第一に，本書がマニュアルに終始してしまうのを避けたかったからです。

　マニュアルは，「一つの方法について手順を追って紹介する」というものですから，ともすると「こうすればよいのだ」という流れになりがちです。それをきれいに避けることはむずかしいものですが，読者であるあなたが，ADHDのある人たちを前にして，AさんにはAさんの，BさんにはBさんの，それぞれの困難さに応じた支援へと広げていけるようなものにしたかったのです。この本で，大雑把な地図を提供し，そこに読者がさまざまな視点から加筆修正し，一人でも多くの人の役に立つものに発展していくことを願いながら書きました。

　第二に，実際にコーチングを受けたクライエントからいただいた多くの知見が，臨場感をもって読者に伝えられているか，そこに苦慮しました。

　臨床で得たことを，理論と実践を意識しながら有機的につなげ，それをわかりやすく書き進めていくことに，思いのほか難渋しました。クライエントは，協力的で，真剣です。自分もよくなりたいと思いながら，自分の経験が他のADHDのある人の役に立つのが嬉しいと言います。そのような声に後押しされつつ，できる限り伝えようとしたとき，幾度となく書き直しが生じました。

　最後に，多くの方の支えなくして本書は完成していません。本を出すのが初めての

私にこのようなチャンスをつくってくださり，執筆のはじめから終わりまで懇切丁寧に導いてくれた図書文化社の渡辺佐恵さん，フリー編集者の辻由紀子さんに心から感謝申し上げます。
　本書の監修者である筑波大学教授の熊谷恵子先生を筆頭に，筑波大学の岡崎慎治先生と小林秀之先生には，私の臨床研究および論文執筆の指導を賜りました。本書は，その成果の一部でもあります。JST Coaching & Training の Jodi には，コーチングの基礎に加え，ADHD の生徒や学生にコーチとして向き合う姿勢を学びました。イラストを快く引き受け，素敵な絵を提供してくれた角田茉里恵さんをはじめ，熊谷先生率いる研究会のみなさまにもお礼申し上げます。
　ここに関係者のみなさますべてのお名前を載せることは叶いませんが，公私にわたり大変多くの方々に協力していただきました。そして何より，これまで私とかかわりをもってくださったクライエントとその家族の方々に，深謝申し上げます。

2019年10月

安藤瑞穂

〔引用文献〕

American Psychiatric Association (2013): Diagnostic and Statistical Manual of Mental Disorders: Dsm-5. American Psychiatric Publishing.

日本精神神経学会（監修），高橋三郎，大野裕，染矢俊幸他（翻訳）（2014），DSM-5 精神疾患の診断・統計マニュアル，医学書院．

安藤瑞穂・熊谷恵子（2015）成人期の発達障害とコーチング．LD 研究，24(3)，388-399．

Ratey, N. (2008) The Disorganized Mind: Coaching Your ADHD Brain to Take Control of Your Time, Tasks, and Talents. St. Martin's Griffin, New York: NY.

戸所綾子・金生由紀子（2013）小児期から成人期への変遷．樋口輝彦・斎藤万比古（監修）成人期 ADHD 診療ガイドブック，じほう

[監修者紹介]

**熊谷恵子**（くまがい・けいこ）

博士（教育学）。筑波大学大学院修士課程教育研究科修士課程修了，同博士課程心身障害研究科単位取得退学。筑波大学心身障害系助手，講師，助教授，准教授を経て，現在，筑波大学人間系教授。日本LD学会常任理事。著書：『長所活用型指導で子どもが変わる Part 1～5』（共編著，図書文化社）『通常学級で役立つ 算数障害の理解と指導法』Gakken，『アーレンシンドローム：光に鋭敏なために生きづらい子どもたち』幻冬舎など。

[著者紹介]

**安藤瑞穂**（あんどう・みづほ）

公認心理師，臨床発達心理士，精神保健福祉士，社会福祉士，初等教育免許状。博士（障害科学，筑波大学），修士（リハビリテーション，筑波大学），Master of Social Work (University of Pennsylvania)，文学士（初等教育，立教大学）。立教大学兼任講師。筑波大学心理・発達教育相談室非常勤相談員。日本LD学会研究奨励賞（2016），日本特殊教育学会研究奨励賞（2016）受賞。

## ADHDのコーチング―実行機能へのアプローチ―

2019年12月1日　初版第1刷発行　［検印省略］
2024年10月1日　初版第2刷発行

| 監修者 | 熊谷恵子 |
|---|---|
| 著者 | 安藤瑞穂Ⓒ |
| 発行人 | 則岡秀卓 |
| 発行所 | 株式会社 図書文化社 |
| | 〒112-0012　東京都文京区大塚1-4-15 |
| | 電話 03-3943-2511　FAX 03-3943-2519 |
| 装幀 | 中濱健治 |
| イラスト | 角田茉里恵 |
| DTP | 株式会社 Sun Fuerza |
| 印刷 | 株式会社 加藤文明社印刷所 |
| 製本 | 株式会社 村上製本所 |

JCOPY〈出版者著作権管理機構 委託出版物〉
本書の無断複製は著作権法上での例外を除き禁じられています。複製される場合は，そのつど事前に，出版者著作権管理機構（電話03-5244-5088, FAX 03-5244-5089, e-mail:info@jcopy.or.jp）の許諾を得てください。

乱丁・落丁本の場合はお取り替えいたします。
定価はカバーに表示してあります。
ISBN 978-4-8100-9741-2　C3037

# 構成的グループエンカウンターの本

## 必読の基本図書

### 構成的グループエンカウンター事典
國分康孝・國分久子総編集　　Ａ５判　　本体 6,000 円＋税

### 教師のためのエンカウンター入門
片野智治著　　Ａ５判　　本体 1,000 円＋税

### 自分と向き合う！究極のエンカウンター
國分康孝・國分久子編著　　Ｂ６判　　本体 1,800 円＋税

### エンカウンターとは何か　教師が学校で生かすために
國分康孝ほか共著　　Ｂ６判　　本体 1,600 円＋税

### エンカウンター スキルアップ　ホンネで語る「リーダーブック」
國分康孝ほか編　　Ｂ６判　　本体 1,800 円＋税

構成的グループ
エンカウンター事典

## 目的に応じたエンカウンターの活用

### エンカウンターで保護者会が変わる　小学校編・中学校編
國分康孝・國分久子監修　　Ｂ５判　　本体 各 2,200 円＋税

### エンカウンターで不登校対応が変わる
國分康孝・國分久子監修　　Ｂ５判　　本体 2,400 円＋税

### エンカウンターで学級づくりスタートダッシュ　小学校編・中学校編
諸富祥彦ほか編著　　Ｂ５判　　本体 各 2,300 円＋税

### エンカウンター　こんなときこうする！小学校編・中学校編
諸富祥彦ほか編著　　Ｂ５判　　本体 各 2,000 円＋税　　ヒントいっぱいの実践記録集

### どんな学級にも使えるエンカウンター20選・中学校
國分康孝・國分久子監修　　明里康弘著　　Ｂ５判　　本体 2,000 円＋税

### どの先生もうまくいくエンカウンター20のコツ
國分康孝・國分久子監修　　明里康弘著　　Ａ５判　　本体 1,600 円＋税

### 10分でできる　なかよしスキルタイム35
國分康孝・國分久子監修　　水上和夫著　　Ｂ５判　　本体 2,200 円＋税

エンカウンターで
保護者会が変わる
（小・中）

エンカウンターで学級が変わる
（小・中・高）

## 多彩なエクササイズ集

### エンカウンターで学級が変わる　小学校編　中学校編　Part 1〜3
國分康孝監修　全3冊　Ｂ５判　本体 各 2,500 円＋税　　Part1のみ 本体 各 2,233 円＋税

### エンカウンターで学級が変わる　高等学校編
國分康孝監修　Ｂ５判　本体 2,800 円＋税

### エンカウンターで学級が変わる　ショートエクササイズ集　Part 1〜2
國分康孝監修　Ｂ５判　　①本体 2,500 円＋税　　②本体 2,300 円＋税

# 図書文化

### 教職や保育・福祉関係の資格取得をめざす人のためのやさしいテキスト
## たのしく学べる最新教育心理学
桜井茂男 編　　Ａ５判／256ページ●本体2,000円+税

目次●教育心理学とは／発達を促す／やる気を高める／学習のメカニズム／授業の心理学／教育評価を指導に生かす／知的能力を考える／パーソナリティを理解する／社会性を育む／学級の心理学／不適応と心理臨床／障害児の心理と特別支援教育

### 学習意欲を高め、学力向上を図る12のストラテジー
## 科学的根拠で示す学習意欲を高める12の方法
辰野千壽 著　　Ａ５判／168ページ●本体2,000円+税

「興味」「知的好奇心」「目的・目標」「達成動機」「不安動機」「成功感」「学習結果」「賞罰」「競争」「自己動機づけ」「学級の雰囲気」「授業と評価」の12の視点から、学習意欲を高める原理と方法をわかりやすく解説する。

### 「教職の意義等に関する科目」のためのテキスト
## 新版 教職入門 ―教師への道―
藤本典裕 編著　　Ａ５判／224ページ●本体1,800円+税

主要目次●教職課程で学ぶこと／子どもの生活と学校／教師の仕事／教師に求められる資質・能力／教員の養成と採用／教員の地位と身分／学校の管理・運営／付録：教育に関する主要法令【改定教育基本法・学校教育法・新指導要領】

## 教育評価事典
辰野千壽・石田恒好・北尾倫彦 監修　Ａ５判／上製函／624ページ●本体6,000円+税

主要目次●教育評価の意義・歴史／教育評価の理論／資料収集のための技法／知能・創造性の評価／パーソナリティー、行動、道徳の評価／適性、興味、関心、態度の評価／学習の評価、学力の評価／各教科・領域の評価／特別支援教育の評価／カリキュラム評価と学校評価／教育制度と評価、諸外国の評価／教育統計とテスト理論

### わかる授業の科学的探究
## 授業研究法入門
河野義章 編著
Ａ５判／248ページ
●本体2,400円+税

「変化のある授業」「楽しい授業」「わかる授業」とは？　最新の心理学的研究の知見をもとに、授業を多角的に分析・研究し、「よい授業」とは何かを問い直す。

●目次　授業研究の要因／授業を記録する／授業研究のメソドロジー／授業ストラテジーの研究／学級編成の研究／発話の研究／協同の学習過程の研究／発問の研究／授業タクティクスの研究／空間行動の研究／視線の研究／姿勢とジェスチャーの研究／板書の研究／学習者の課題従事の研究／ノートテイキングの研究／学習スキル教育の研究／ものづくり過程の研究／評価テストの作成／授業研究のためのデータ解析／校内研究の進め方

〒112-0012 東京都文京区大塚1-4-15　図書文化　TEL03-3943-2511　FAX03-3943-2519
http://www.toshobunka.co.jp/

## シリーズ 教室で行う特別支援教育

個に応じた支援が必要な子どもたちの成長をたすけ，学校生活を楽しくする方法。
しかも，周りの子どもたちの学校生活も豊かになる方法。
シリーズ「**教室で行う特別支援教育**」は，そんな特別支援教育を提案していきます。

### ここがポイント学級担任の特別支援教育

通常学級での特別支援教育では，個別指導と一斉指導の両立が難しい。担任にできる学級経営の工夫と，学校体制の充実について述べる。

河村茂雄 編著　　　　B5判　本体2,200円

### 応用行動分析で特別支援教育が変わる

子どもの問題行動を減らすにはどうしたらよいか。一人一人の実態から具体的対応策をみつけるための方程式。学校現場に最適な支援の枠組み。

山本淳一・池田聡子 著　　B5判　本体2,400円

### 教室でできる 特別支援教育のアイデア 〔小学校編〕〔小学校編Part2〕

通常学級の中でできるLD，ADHD，高機能自閉症などをもつ子どもへの支援。知りたい情報がすぐ手に取れ，イラストで支援の方法が一目で分かる。

月森久江 編集　　　　B5判　本体各2,400円

### 教室でできる 特別支援教育のアイデア 〔中学校編〕〔中学校・高等学校編〕

中学校編では，授業でできる指導の工夫を教科別に収録。中学校・高等学校編では，より大人に近づいた生徒のために，就職や進学に役立つ支援を充実させました。

月森久江 編集　　　　B5判　本体各2,600円

### 通級指導教室と特別支援教室の指導のアイデア 〔小学校編〕

子どものつまずきに応じた学習指導と自立活動のアイデア。アセスメントと指導がセットだから，子どものどこを見て，何をすればよいか分かりやすい。

月森久江 編著　　　　B5判　本体2,400円

### 遊び活用型読み書き支援プログラム

ひらがな，漢字，説明文や物語文の読解まで，読み書きの基礎を網羅。楽しく集団で学習できる45の指導案。100枚以上の教材と学習支援ソフトがダウンロード可能。

小池敏英・雲井未歓 編著　　B5判　本体2,800円

---

### 人気の「ビジョントレーニング」関連書

学習や運動に困難を抱える子の個別指導に
**学ぶことが大好きになるビジョントレーニング**
北出勝也 著
**Part 1**　　　　　　　　B5判　本体2,400円
**Part 2**　　　　　　　　B5判　本体2,400円

クラスみんなで行うためのノウハウと実践例
**クラスで楽しくビジョントレーニング**
北出勝也 編著　　　　　　B5判　本体2,200円

### K-ABCによる認知処理様式を生かした指導方略

**長所活用型指導で子どもが変わる**
藤田和弘 ほか編著
**正編**　特別支援学級・特別支援学校用　B5判　本体2,500円
**Part 2**　小学校 個別指導用　　　　　B5判　本体2,200円
**Part 3**　小学校中学年以上・中学校用　B5判　本体2,400円
**Part 4**　幼稚園・保育園・こども園用　B5判　本体2,400円
**Part 5**　思春期・青年期用　　　　　　B5判　本体2,800円

## 図書文化

※本体価格には別途消費税がかかります